옥효진 선생님의 국어가 탄탄해지는 학습도구어

글 **옥효진** 그림 **이상일**

국어
학습도구어
40개

아울북

머리말

여러분은 공부를 좋아하나요?

"좋아해요!"라고 자신 있게 말할 친구도 있겠지만 아마도 많은 친구들이 "공부가 싫어요", "공부는 재미없어요", "공부는 힘들어요"라고 말할지도 몰라요.

맞아요. 공부는 어렵고 머리 아프며 하기 싫을 때도 많아요. 사실 선생님도 어릴 적에는 그랬답니다. 그런데 그렇게 하기 싫은 공부임에도 불구하고 여러분은 한 가지 중요한 사실을 알고 있어요. 바로 '하기 싫어도 공부는 해야 한다'라는 사실이에요. 많은 친구들이 속으로 이렇게 생각하고 있을 거예요.

"나도 공부를 잘하고 싶어."

선생님도 그 마음을 누구보다 잘 알고 있어요. 그래서 하기 싫어도 열심히 해보려는 여러분이 얼마나 기특하고 멋진지 모른답니다. 그런 여러분을 위해 이 책을 만들었어요. 공부가 조금이라도 더 쉬워질 수 있도록 여러분의 학습을 도와줄 든든한 친구를 소개하고 싶었거든요. 그 친구가 바로 〈과목별 학습도구어〉예요.

'학습도구어'란 공부할 때 꼭 필요한 도구가 돼 주는 단어들을 말해요. 요리를 할 때 칼이나 도마 같은 요리 도구가 필요하고 고장 난 물건을 고칠 때 망치나 드라이버 같은 도구가 필요한 것처럼 공부할 때도 도구가 돼 주는 단어들이 있어요. 그런 단어들을 바로 학습도구어, 즉 '공부의 도구가 되는 단어'라고 불러요. 요리 도구가 많을수록 요리가 쉬워지듯이 여러분이 학습도구어를 많이 알고 있으면 공부도 훨씬 더 쉬워질 거예요.

그런데 여러분, 학교에서 자주 마주치지만 아직 친하다고 할 수 없는 친구가 있지는 않나요? 인사도 하고 이름도 알지만 무엇을 좋아하는지, 어떤 말을 자주 하는지는 잘 모르는 그런 친구요. 선생님은 여러분에게 학습도구어도 그런 친구일지 모른다는 생각이 들어요.

교과서나 시험 문제에 자주 나오지만 막상 뜻이 정확히 기억나지 않거나 어떻게 써야 할지 떠오르지 않는 말들이 있어요. 자주 봐서 친한 줄 알았지만 알고 보면 아직 낯선 학습도구어들이죠. 이제는 그런 단어들과 진짜 친구가 돼 보는 건 어떨까요? 왜냐하면 학습도구어는 여러분이 공부할 때마다 꼭 나타날 테니까요.

이 책은 여러분이 학습도구어와 진짜로 친해질 수 있도록 도와주는 책이에요. 그동안 스쳐 지나가기만 했던 학습도구어들이 어떤 뜻을 가지고 있고 어떤 상황에서 쓰이는지를 하나하나 살펴보면서 공부를 도와주는 든든한 친구로 만들어 보세요.

이 책을 다 읽고 난 뒤에는 여러분이 더 이상 맨손으로 공부에 맞서지 않게 되기를 바라요. 공부에 꼭 필요한 도구들을 든든히 챙긴 여러분의 공부가 더 힘차고 더 즐겁게 나아가길 응원합니다.

옥효진 선생님

이 책의 구성

핵심 학습도구어를 중심으로 어휘 관계망을 확장해요.

학습도구어가 어떻게 구성됐는지 알아보고 뜻을 조금 더 자세히 배워 봐요.

난이도 ★☆☆☆☆

1 갈등

동화 속에서 오해로 서로 등진 형제처럼 국어에서 '갈등'은 인물과 인물이 서로 대립하고 충돌하는 것을 말해요.

갈등은 이럴 때 쓰는 말이에요.

"선생님! 이 동화에 나오는 형제는 언제쯤 화해하나요? 형은 미안한 마음도 있고 속상한 마음도 있어서 갈팡질팡하고 있다니까요! 정말 답답해요!"

"하하하. 은호가 흥미진진한 동화를 읽고 있구나. 형제간에 외적 갈등이 일어난 데다가 형은 내적 갈등까지 겪고 있으니 말이야."

갈등은 '작품에서 인물 사이의 대립과 충돌 상태'를 말해요. 인물과 인물, 인물과 환경 사이에 '겉으로 드러난 것'은 외적 갈등, '마음속에서 일어난 것'은 내적 갈등이라고 해요.

그때 교실 문이 벌컥! 열리며 몇몇 아이들이 다급하게 들어왔어요.

"선생님! 체육 시간에 절반은 피구를, 절반은 축구를 하고 싶어 해요. 어떡하죠?"

"이런! 서로 뜻을 굽히지 않으면 갈등은 해결될 수 없어. 조금씩 양보해야지! 흠, 이 갈등을 풀 방법으로 가위바위보를 하는 건 어떠니? 자, 피구 대표와 축구 대표 나와 보렴."

이렇게 국어적 의미의 갈등은 '작품에서 인물들 사이에서 일어나는 대립 상황'을 말하고, 생활적 의미의 갈등은 '두 집단의 의견이 화합하지 못하고 일어나는 충돌'을 말해요.

12

이런 뜻이에요.

갈등의 갈(葛)은 '칡'을 뜻하고, 등(藤)은 '등나무', '덩굴'을 뜻해요. 칡과 등나무는 덩굴을 크게 이루는 식물이에요. 이 덩굴이 서로 마구 얽히는 것처럼 '의견이 순조롭게 화합되지 못하고 마구 엉기는 관계'를 갈등이라고 한답니다. 그래서 국어에서 갈등은 '작품에서 등장인물들 사이, 등장인물과 환경, 등장인물과 운명 사이에 일어나는 대립과 충돌'을 말해요. 대부분의 작품에는 갈등 상황이 발생하며 갈등이 있어야 글의 재미와 긴장감이 유지된답니다.

생활에서 갈등은 '개인과 개인, 개인과 집단 사이에 의견이나 목표가 달라 서로 충돌하는 것'을 말해요. 이때 갈등은 한 사람의 마음 안에서도 일어난답니다. '두 가지 이상의 기회나 목표가 생겼을 때 선택하지 못하고 괴로워하는 것'도 갈등이라고 해요.

과목별

국어

작품에서 등장인물들의 의견이 달라 대립되거나 충돌하는 상황.

예문
- 이 소설에서는 인물이 서로를 의심하면서 두 사람 사이에 갈등이 생겼다.
- 이 전래 동화는 이야기 속에 신분 사회의 갈등 구조를 다룬다.

생활 속

사회

의견 차이로 충돌하거나 마음속 고민으로 괴로움.

예문
- 강아지가 크게 짖는 소리 때문에 이웃 간의 갈등이 생겼다.
- 나는 어느 동아리에 들어갈지 결정하지 못하고 갈등 중이다.

13

만화와 이야기를 통해 학습도구어의 다양한 의미를 알아봐요.

학습도구어가 과목과 생활 속에서 어떻게 다르게 쓰이는지 알아보고 예문을 함께 만나 봐요.

학습도구어가 들어간 꼬꼬무 어휘 지도를 보고
과목 어휘력을 길러요.

학습도구어와 뜻이 비슷한 단어를
알아보고 어휘력을 확장해요.

학습도구어가 들어간 속담, 관용어,
사자성어를 알아보고 문해력과
상식까지 길러요.

목차

3장
ㅇ~ㅈ으로 시작하는 학습도구어

4장
ㅊ~ㅎ으로 시작하는 학습도구어

동물 (상위어)
말 소 개 양 호랑이 (하위어)
생물 (상위어)
식물 동물 (하위어)
과일 채소 꽃 나무 (하위어)
사과 (하위어)

1장

ㄱ으로 시작하는 학습도구어

갈등 | 감각 | 감정

개성 | 객관 | 관계

구성 | 구조 | 규칙

난이도 ★☆☆☆☆

1 갈등

동화 속에서 오해로 서로 등진 형제처럼 국어에서 '갈등'은 인물과 인물이 서로 대립하고 충돌하는 것을 말해요.

갈등은 이럴 때 쓰는 말이에요.

"선생님! 이 동화에 나오는 형제는 언제쯤 화해하나요? 형은 미안한 마음도 있고 속상한 마음도 있어서 갈팡질팡하고 있다니까요! 정말 답답해요!"

"하하하. 은호가 흥미진진한 동화를 읽고 있구나. 형제간에 외적 갈등이 일어난 데다가 형은 내적 갈등까지 겪고 있으니 말이야."

갈등은 '작품에서 인물 사이의 대립과 충돌 상태'를 말해요. 인물과 인물, 인물과 환경 사이에 '겉으로 드러난 것'은 외적 갈등, '마음속에서 일어난 것'은 내적 갈등이라고 해요.

그때 교실 문이 벌컥! 열리며 몇몇 아이들이 다급하게 들어왔어요.

"선생님! 체육 시간에 절반은 피구를, 절반은 축구를 하고 싶어 해요. 어떡하죠?"

"이런! 서로 뜻을 굽히지 않으면 갈등은 해결될 수 없어. 조금씩 양보해야지! 흠, 이 갈등을 풀 방법으로 가위바위보를 하는 건 어떠니? 자, 피구 대표와 축구 대표 나와 보렴."

이렇게 국어적 의미의 갈등은 '작품에서 인물들 사이에서 일어나는 대립 상황'을 말하고, 생활적 의미의 갈등은 '두 집단의 의견이 화합하지 못하고 일어나는 충돌'을 말해요.

이런 뜻이에요.

갈등의 갈(葛)은 '칡'을 뜻하고, 등(藤)은 '등나무', '덩굴'을 뜻해요. 칡과 등나무는 덩굴을 크게 이루는 식물이에요. 이 덩굴이 서로 마구 얽히는 것처럼 '의견이 순조롭게 화합되지 못하고 마구 엉기는 관계'를 갈등이라고 한답니다. 그래서 국어에서 갈등은 '작품에서 등장인물들 사이, 등장인물과 환경, 등장인물과 운명 사이에 일어나는 대립과 충돌'을 말해요. 대부분의 작품에는 갈등 상황이 발생하며 갈등이 있어야 글의 재미와 긴장감이 유지된답니다.

생활에서 갈등은 '개인과 개인, 개인과 집단 사이에 의견이나 목표가 달라 서로 충돌하는 것'을 말해요. 이때 갈등은 한 사람의 마음 안에서도 일어난답니다. '두 가지 이상의 기회나 목표가 생겼을 때 선택하지 못하고 괴로워하는 것'도 갈등이라고 해요.

과목별

작품에서 등장인물들의 의견이 달라 대립되거나 충돌하는 상황.

예문

- 이 소설에서는 인물이 서로를 의심하면서 두 사람 사이에 갈등이 생겼다.
- 이 전래 동화는 이야기 속에 신분 사회의 갈등 구조를 다룬다.

생활 속

의견 차이로 충돌하거나 마음속 고민으로 괴로움.

예문

- 강아지가 크게 짖는 소리 때문에 이웃 간의 갈등이 생겼다.
- 나는 어느 동아리에 들어갈지 결정하지 못하고 갈등 중이다.

꼬리에 꼬리를 무는 국어 어휘!

갈등

갈등선
작품 속에 드러나는 갈등의 흐름.

극적 갈등
등장인물의 관계가 날카롭고 심각한 갈등.

기본 갈등
갈등을 생기게 하는 까닭이나 요소.

갈등 요인
작품의 핵심이자 주된 의도를 담은 갈등.

부차적 갈등
문학 작품에서 나타나는 기본 갈등 이외의 갈등. 기본 갈등을 뚜렷이 드러내기 위해 생겨요.

비슷한 말을 알아봐요.

대립(對立) 의견이나 처지, 성격이 서로 맞서거나 반대됨.

[국어] 전래 동화는 대부분 선과 악의 대립 구조로 이뤄져 있다.

[생활] 친구와 의견 대립이 심해지다가 결국 싸우고 말았다.

불화(不和) 서로 화합하지 못해 사이가 나쁨.

[국어] 보통 소설 속에서 등장인물 간에 불화가 해소되는 것은 '결말' 부분이다.

[생활] 가정의 불화는 청소년들에게 좋지 않은 영향을 끼친다.

BONUS

학습도구어 더하기 - 속담, 관용어, 사자성어

속 곪으면 터지는 법

살이 곪으면 마침내 터지는 것처럼 원한이나 갈등이 쌓이고 쌓이면 마침내 터져서 크게 싸우거나 등 돌리게 됨.

관 골을 메우다

갈등을 없앰.

사 사분오열(四分五裂)

네 갈래로 나뉘고 다섯 조각으로 찢어진다는 뜻으로, 집단이나 조직의 갈등 상황을 이름.

난이도 ★★☆☆☆

2 감각

감각은 이럴 때 쓰는 말이에요.

"아, 햇살이 손난로같이 뜨겁구나. 내 얼굴이 따끈따끈해졌어."

"밖은 얼음 왕국처럼 추운데 교실은 이렇게 따뜻하다니!"

지원이와 현서의 대화를 들으며 선생님은 빙그레 웃었어요.

"기분을 감각적인 표현으로 잘 말하고 있구나. 직접 보고 듣고 냄새 맡고 만지는 것 같은 느낌을 주는 표현을 '감각적인 표현'이라고 해. 이 감각적 표현은 감각어를 사용한단다. 너희들의 대화에도 쓰인 '손난로같이', '얼음 왕국처럼', '따끈따끈하다'가 모두 감각어야."

"선생님, 감각적 표현을 사용하니 더 생생한 느낌이 들어요!"

그때 선생님은 좋은 생각이 났다는 듯 활짝 웃으며 말했어요.

"좋았어. 이번 시간에는 감각적 표현으로 빙고 게임을 해 보자!"

모두가 게임을 준비할 때 민수가 무엇인가 알아차렸다는 듯 짝에게 속삭였어요.

"선생님은 분명히 색깔에 관련된 것을 하실 거야. 내 감각을 믿어 봐."

이렇게 국어적 의미의 감각은 '몸에 일어난 느낌을 글이나 말로 표현한 것'을 말하고, 생활적 의미의 감각은 '어떤 일에 대해 예민하게 느껴 잘 알아차리고 그에 따라 행동하는 것'을 말해요.

이런 뜻이에요.

감각의 감(感)은 '느끼다'를 뜻하고, 각(覺)은 '깨닫다'를 뜻해요. 두 글자를 합치면 '느끼고 깨닫다'라는 뜻이 만들어져요. 이는 '우리 신체 기관인 눈, 코, 귀, 혀, 피부를 통해 바깥의 자극을 느끼는 것'을 말한답니다. 이것을 생활에서 사용하는 감각이라고 해요. 더 나아가 '어떤 일에 대해 민감하게 반응하는 것'을 '감각이 예민하다'라고 표현한답니다.

그러면 국어에서 감각은 어떻게 사용될까요? '글이나 말로 표현이 가능한, 신체의 내부나 외부의 자극 때문에 일어나는 느낌'을 나타낼 때 사용한답니다. 그래서 감각적 표현, 감각어와 같이 감각을 나타내는 말이나 단어가 생겨난 거예요.

과목별

몸에 일어난 느낌을 글이나 말로 표현함.

예문

- 시는 감각적 표현을 많이 사용한다.
- 감각어는 문장에서 형용사로 쓰인다.

생활 속

신체를 통해 자극을 깨닫고 알아차림. 무엇에 대해 잘 느끼고 반응함.

예문

- 추운 곳에 있었더니 발에 감각이 없다.
- 이번 신제품은 MZ세대의 감각에 맞게 개발됐다.

꼬리에 꼬리를 무는 국어 어휘!

감각

감각적

감각을 자극하거나 감각이나 자극에 예민한 것.

감각어

몸의 내부 또는 외부의 자극 때문에 일어나는 느낌을 표현하는 단어. '저리다', '조용하다', '매콤하다', '부드럽다', '뜨겁다' 등이 있어요.

감각시

감각적 표현을 중시하는 시. 정교한 시어와 감각적 이미지를 통해 현대적 감수성을 표현하고자 한 시인들이 주로 추구한 시의 경향.

감각성

자극 등을 느껴서 알게 되는 성질.

신감각파

시에서 새로운 감각을 주관적으로 표현하고자 하는 흐름.

비슷한 말을 알아봐요.

감성(感性) 자극이나 자극의 변화를 느낌.

[국어] 동화는 어린이들의 감성을 키워 주는 글이다.

[생활] 내 친구는 정말 감성이 풍부하다.

정서(情緖) 마음에 일어나는 여러 가지 감정.

[국어] 작가의 느낌이 드러나는 정서적인 글은 주로 문학 작품에 나타난다.

[생활] 요즘 청소년들은 정서가 메말랐다.

BONUS 학습도구어 더하기 - 속담, 관용어, 사자성어

속 숫돌이 저 닳는 줄 모른다

조금씩 줄어드는 감각은 잘 못 느껴도 그것이 쌓이면 무시할 수 없이 큼.

관 가슴(을) 저미다

간절한 생각이나 슬픔 때문에 가슴을 칼로 베는 듯한 감각을 느낌.

사 이심전심(以心傳心)

말을 하지 않아도 마음에서 마음으로 뜻이 전해지는 감각적인 교감을 의미함.

난이도 ★☆☆☆☆

3 감정

동화를 읽으며 웃고 울며 안도하는 것처럼 국어에서 '감정'은 작품으로 인해 느껴지는 기분, 생각, 심정을 말해요.

감정은 이럴 때 쓰는 말이에요.

"으하하. 아이고, 재미있어. 이 부분은 언제 봐도 통쾌하다니까."

"휴. 다행이다. 다람쥐들 덕분에 할머니도 무사하시겠어."

독서 시간이에요. 아이들은 책을 읽으며 느낀 감정을 말하면서 웃기도 하고 울기도 하고 안도의 한숨을 내쉬기도 했어요.

"모두 책 속에 푹 빠졌구나. 이렇게 등장인물의 마음과 자신의 마음을 같다고 생각하는 것을 '감정 이입'이라고 한단다. 작품을 읽을 때 필수적이지. 인물의 감정선을 쭉 따라가면 작품을 더 잘 이해할 수 있고 주제도 알 수 있어."

모두가 재미있게 말하고 있는데 입을 꾹 다물고 화가 난 표정의 두 친구가 보여요. 무슨 일인 걸까요?

"은서와 혜지는 이제 서로 상한 감정은 풀고 화해하는 게 어떠니? 자, 선생님이 해결사 역할을 해 주마. 서로에게 가진 서운한 감정을 털어놔 보렴."

이렇게 국어적 의미의 감정은 '인물의 생각, 느낌 또는 이야기를 읽는 사람이 느끼는 마음'을 말하고, 생활적 의미의 감정은 '벌어진 일, 사물에 대해 느껴지는 기분이나 마음'을 말해요.

이런 뜻이에요.

감정의 감(感)은 '느끼다', '감동하다', '생각하다'를 뜻하고, 정(情)은 '뜻', '마음의 작용'을 뜻해요. 두 글자를 합치면 '느끼고 감동한 마음'이라는 뜻이 만들어져요. 즉 '어떤 현상이나 사물, 사람에 대해 느껴서 생기는 마음이나 기분, 생각, 심정'이 바로 생활에서 쓰이는 감정이랍니다.

국어에서 감정은 '작품 속에서 등장인물의 생각이나 기분, 심정' 등을 가리켜요. 대부분의 이야기는 인물의 감정 변화, 감정선에 따라 내용이 전개되지요? '작품을 읽는 사람의 마음 속에 일어나는 다양한 기분, 생각, 심정' 또한 감정이라고 하고 '등장인물의 마음과 내 마음이 같다고 느끼는 것'을 감정 이입이라고 한답니다.

과목별

작품 속 인물, 혹은 독자의 마음이나 생각.

예문

- 대부분의 독자는 소설의 등장인물 중 주인공에게 감정 이입을 한다.
- 소설에서 인물의 내면을 파악하려면 감정의 변화 과정을 살펴야 한다.

생활 속

어떤 일, 사물, 사람에 대해 일어나는 마음이나 생각.

예문

- 형은 좀처럼 자신의 감정을 드러내지 않는다.
- 친구의 미안하다는 말에 속상했던 감정이 풀렸다.

꼬리에 꼬리를 무는 국어 어휘!

감정

감정선

작품에서 상황에 따라 인물에게 일어나는 감정의 변화 과정.

감정 연결

작품에서 장면과 장면, 대사와 대사 사이에 나타나는 인물의 감정이 끊어지지 않음.

감정싸움

서로 미워하는 마음으로 다툼.

감정 지수

자신의 감정을 바람직하게 조절하고 다른 사람의 감정을 이해하는 능력.

무감정

감정의 움직임이 없음.

비슷한 말을 알아봐요.

기분(氣分) 감정을 느끼는 상태.

[국어] 의성어와 의태어를 사용하면 기분을 더 실감 나게 표현할 수 있다.

[생활] 친구의 무뚝뚝한 말투에 기분이 상했다.

느낌 몸의 감각이나 마음으로 아는 기분.

[국어] 특별히 강한 느낌을 나타내는 문장에는 느낌표를 사용한다.

[생활] 비가 오고 바람이 불자 갑자기 무서운 느낌이 들었다.

BONUS

학습도구어 더하기 - 속담, 관용어, 사자성어

속 미운 사람에게는 쫓아가 인사한다

미운 사람일수록 나쁜 감정을 쌓지 않아야 함.

관 감정을 해치다

남의 감정을 불쾌하게 함.

사 다정다감(多情多感)

정이 많고 감정이 풍부함.

난이도 ★★★☆☆

4 개성

다양한 글쓰기처럼 국어에서 '개성'은 다른 작품과 구별되게 눈에 띄는 특징을 말해요.

개성은 이럴 때 쓰는 말이에요.

오늘은 우리 반 작가님들과 함께 개성이 드러나는 글쓰기를 하는 날이에요.

"야호! 무엇이든 쓸 수 있구나. 선생님! 저는 수필을 쓸 거예요."

"지훈이가 고른 수필은 작가의 개성이 매우 잘 나타나는 글이란다. 작가의 생활, 생각, 말투가 그대로 드러나기 때문이지. 김지훈 작가의 개성을 잘 표현해 보렴."

"선생님, 시에서도 개성을 드러낼 수 있어요? 저는 시를 쓰고 싶어요."

"시는 짧은 문장이 특징이잖니? 지원이가 경험한 것들과 생각들을 압축하면서 짧은 문장으로 개성을 표현할 수 있단다."

촤라락! 그때 갑자기 민수가 독특한 무늬의 목도리를 아이들 앞에서 둘러맸어요.

"선생님. 저는 패션으로 제 개성을 표현하고 싶어요. 이 목도리를 좀 보세요. 어디에서도 볼 수 없는 특이한 무늬와 화려한 색깔!"

와하하! 민수의 말에 다들 배꼽을 잡았어요.

이렇게 국어적 의미의 개성은 '작품만이 가진 특징'을 말하고, 생활적 의미의 개성은 '사물이 다른 것과 구별되는 특징'을 말해요.

이런 뜻이에요.

개성의 개(個)는 '낱낱', '하나'를 뜻하고, 성(性)은 '성격', '성질'을 뜻해요. 두 글자를 합치면 '하나하나의 성격이나 성질'이라는 의미가 만들어져요. 그래서 생활에서 사용하는 개성은 '사람이나 사물이 가진 고유한 특징, 즉 남들과 다른 특별한 모습'이라는 뜻이 됐답니다.

그러면 국어에서는 개성이 어떻게 쓰이는지 볼까요? 국어에서 개성은 '작품만이 가진 특징'을 말해요. '다른 작품과 구별되게 다른 성격'을 말하지요. 이것은 작품의 내용이나 문체, 소재, 사건의 전개 방식, 단어의 선택 등 문학 작품을 이루는 모든 것에서 드러날 수 있답니다.

과목별

다른 작품과 구별되게 나타나는 두드러진 점.

예문

- 문장의 개성적인 특징인 문체는 글의 부분 또는 전체에서 드러난다.
- 시에서는 운율, 단어, 문체, 내용 등 모든 면에서 시인의 개성을 나타낼 수 있다.

생활 속

다른 사람이나 다른 사물과 구별되는 특징.

예문

- 크고 작은 차이는 있지만 누구나 개성을 가지고 있다.
- 언니는 평범한 옷도 개성을 살려 입는다.

꼬리에 꼬리를 무는 국어 어휘!

개성

개성 조사
학생을 적절하게 지도하기 위해 학생의 개성에 관한 여러 가지 사항을 조사하는 일.

몰개성
어떤 대상에 분명히 있어야 할 개성이 없는 상태.

개성주의자
다른 사람과 구별되는 고유한 특성을 따르는 사람.

개성미
다른 사람이나 개체와 구별되는 고유한 특성이 드러나는 아름다움.

개성 분석
학생의 적절한 지도를 위해 학생의 개성, 기능, 건강, 가정 환경 등을 조사하는 일.

비슷한 말을 알아봐요.

성격(性格) 어떤 대상이나 현상이 지닌 성질. 개개인이 지닌 고유한 성질.

[국어] 윤동주의 <쉽게 씌어진 시>의 성격은 반성적이며 의지적이다.

[생활] 내 짝은 아주 솔직한 성격이다.

특성(特性) 한 사물에만 있는 특수한 성질.

[국어] 논설문은 특성상 자기 의견을 주장해야 하므로 이론이 뒷받침돼야 한다.

[생활] 선인장은 뿌리가 잘려 나가도 다시 생기는 특성이 있다.

BONUS 학습도구어 더하기 - 속담, 관용어, 사자성어

속 한날한시에 난 손가락도 짧고 길다

온갖 사물은 모두 각각 구별되는 개성을 가지고 있음.

관 별 볼 일 없다

대단하지 않고 별다른 개성도 없이 하찮음.

사 유일무이(唯一無二)

오직 하나뿐이고 둘도 없는 개성성을 뜻함.

난이도 ★★☆☆☆

5 객관

설명문이 사실과 정보를 전달하는 것처럼 국어에서 '객관'은 보이는 그대로를 나타내는 것을 말해요.

객관은 이럴 때 쓰는 말이에요.

오늘은 설명문의 성격에 대해 알아보는 시간이에요.

"선생님, 지난번 시간에 제가 기린에 대한 설명문을 썼잖아요. 저 잘 썼죠? 후후후."

"도현아, 그 설명문은 객관성이 없었어. 그래서 설명문이라기보다 동화에 가까웠단다. '기린의 목이 길어진 것은 누군가를 그리워하기 때문이다'라는 것은 도현이의 생각이니까 말이야. 얘들아, 설명문을 쓸 때 가장 중요한 것은 어떤 글보다 객관적이어야 한다는 거야. 설명문은 지식이나 정보를 사실에 근거해서 이해하기 쉽도록 풀어서 쓴 글이기 때문이지. 작가의 생각이 아닌 사실을 객관적인 입장에서 써야 한다는 걸 꼭 기억하렴."

국어 시간이 끝나고 체육 시간이 됐어요. 한쪽에서 아이들이 옥신각신하고 있네요.

"선생님, 이건 객관적인 판단이 필요해요. 공이 분명히 선에 걸쳐졌어요!"

선생님은 객관적인 판단을 위해 찍고 있던 동영상을 봤고 아이들은 결과를 기다렸어요.

"어? 공이 선을 안 닿았구나! 현수 팀, 승리!"

이렇게 국어적 의미의 객관은 '감정을 넣지 않고 사실 그대로를 전달하는 것'을 말하고, 생활적 의미의 객관은 '제삼자의 눈으로 사물을 있는 그대로 보는 것'을 말해요.

이런 뜻이에요.

객관의 객(客)은 '손님', '나그네'를 뜻하고, 관(觀)은 '보다'를 뜻해요. 두 글자를 합치면 '손님 또는 나그네가 보다'라는 의미가 만들어져요. 이는 '나', '너', '우리'가 아닌 전혀 상관이 없는 사람이 본다는 것을 말한답니다. 즉 생활에서 사용하는 객관은 '제삼자의 관점에서 사물을 보다', '생각이나 감정에 치우치지 않고 있는 그대로 사물을 보는 것'을 의미해요.

그렇다면 이 객관이 국어에서는 어떻게 쓰이는지 볼까요? 국어에서 객관은 '감정을 넣지 않고 사실을 있는 그대로 전달하는 것'을 말해요. 나와 상관없는 제삼자의 눈으로 보는 것처럼 말이에요. 감정이 들어가면 객관과 반대되는 주관적인 글이 되겠지요? 객관은 설명문, 기사문처럼 정보를 전달하고 사실을 설명하는 글을 쓸 때 필요하답니다.

과목별

사실과 정보를 있는 그대로 전달함.

예문
- 언론과 기사는 객관적 보도가 필수이다.
- 이 역사책은 철저하게 객관적으로 쓰여 있다.

생활 속

개인의 생각에 치우치지 않고 있는 그대로 사물을 봄.

예문
- 약의 효능은 객관적으로 검증돼야 판매할 수 있다.
- 내가 이 케이크를 먹었다는 객관적인 증거를 대 봐!

꼬리에 꼬리를 무는 국어 어휘!

객관

객관 묘사

작가의 생각을 드러내지 않고 사건이나 사물을 있는 그대로 서술하는 일.

객관적 사회학

도덕, 종교, 관습처럼 사회에서 생겨난 사실을 실제 있는 대상처럼 다뤄 연구하는 학문.

객관 객체

감각이나 생각, 의지 같은 마음이 향하는 대상.

객관적 상관물

시에서 감정이나 생각을 나타내기 위해 선택한 사물이나 상황.

객관 소설

자아, 혹은 주인공의 겉모습과 행동을 객관적으로 묘사한 소설.

비슷한 말을 알아봐요.

공평(公平) 어느 쪽으로도 치우치지 않고 고름.

[국어] 이 작품은 공평한 세상이라는 주제를 담고 있다.

[생활] 살기 좋은 나라를 만들기 위해서는 무엇보다 사회 제도가 공평해야 한다.

제삼자(第三者) 어떤 일에 직접 관련이 없거나 사건의 당사자가 아닌 사람.

[국어] 설명문은 자기 생각이 아닌 제삼자의 입장에서 써야 한다.

[생활] 이건 나와 내 짝의 문제니까 제삼자는 끼어들지 말아 줄래?

BONUS 학습도구어 더하기 - 속담, 관용어, 사자성어

속 글 잘 못 쓰는 사람은 붓 타박을 하고 농사 지을 줄 모르는 사람은 밭 타박을 한다

자기 재주가 모자라는 것은 생각하지 않고 객관적인 조건만 탓함.

관 색안경을 끼고 보다

객관적이지 못하고 선입견에 얽매여 좋지 않게 봄.

사 공평무사(公平無私)

공평하고 사사로움이 없다는 뜻으로, 편견 없이 객관적으로 판단함.

난이도 ★☆☆☆☆

6 관계

동물과 말, 소, 개, 양, 호랑이는 서로 연결된 것처럼 국어에서 '관계'는 어떤 기준으로 서로 매여 있는 것을 말해요.

관계는 이럴 때 쓰는 말이에요.

"얘들아, 너희 아이스크림 좋아하지? 아이스크림을 크게 나누면 어떻게 나뉠까?"

"막대 아이스크림, 콘 아이스크림, 컵 아이스크림이요. 상상만 해도 맛있는 아이스크림!"

"너희들은 벌써 언어의 상하 관계에 대해서 알게 된 거란다."

"네? 우리 천재인가 봐! 하하하."

상하 관계는 '한 단어의 의미가 다른 단어의 의미를 포함하는 의미 관계'를 말해요. 단어의 구조에서 위에 있는 단어이면서 포함하는 단어를 '상위어', 아래에 있으면서 상위어에 포함되는 단어를 '하위어'라고 한답니다.

국어 시간이 끝나고 쉬는 시간이 되자마자 민지가 소현이에게 물었어요.

"소현아, 어제 누구랑 놀이터에서 논 거야? 넌 언니나 동생이 없는데 얼굴이 너무 닮았더라."

"응. 우린 사촌 관계야. 많이 닮아서 그런지 사람들이 언니와 동생 관계로 착각하더라."

이렇게 국어적 의미의 관계는 '단어나 문장이 어떤 기준으로 서로 연결돼 얽혀 있는 것'을 말하고, 생활적 의미의 관계는 '사람이나 사물 등이 서로 어떤 관련을 맺고 있는 것'을 말해요.

이런 뜻이에요.

관계의 관(關)은 '관계하다'를 뜻하고, 계(係)는 '연관되다'를 뜻해요. 비슷한 의미의 두 글자가 합쳐진 단어랍니다. 그래서 국어에서의 **관계**는 '단어나 문장의 의미, 문법 등이 관련을 맺고 연결돼 있는 것'을 말해요. 그리고 '작품에서 내용상 인물들 간에 서로 연관이 있는 것'도 **관계**라고 한답니다.

또한 관(關)의 '관계하다'라는 뜻과 계(係)의 '매다', '매이다'라는 뜻을 합치면 '매여 있는 관계'라는 의미가 만들어지지요? '서로 매여 있다'라는 것은 '둘 또는 여러 대상이 서로 연결돼 얽혀 있는 것'을 말해요. 즉 '둘 이상의 사람, 사물, 현상 등이 서로 관련을 맺고 있거나 관련이 있는 것'이 바로 생활에서 쓰이는 **관계**랍니다. '친구 **관계**', '사촌 **관계**', '무역 **관계**'처럼 말이에요.

과목별

글의 내용이나 문장의 문법적인 부분이 서로 연결돼 있음.

예문

- 대부분 소설에서는 인물 **관계**에 갈등이 발생한다.
- **관계**언은 '에', '의', '를'과 같은 '조사'를 말하는데 글자 자체에 뜻은 없다.

생활 속

서로 관련을 맺고 있음. 까닭, 이유, 때문의 뜻을 나타냄.

예문

- 형은 도서관에서 과학에 **관계**된 책만 보고 있다.
- 운동장 공사 **관계**로 일주일 동안 체육 수업을 못 하게 됐다.

꼬리에 꼬리를 무는 국어 어휘!

관계

극적 관계

작품에서 인물들이 서로 영향을 미치는 관계.

상관관계

두 가지 중 한쪽이 변화하면 다른 한쪽도 따라서 변화하는 관계.

인물 관계

작품에서 기본을 이루는 인물들의 상호 관계.

관계언

문장에 쓰인 단어들의 관계를 나타내는 기능을 하는 조사를 이르는 말. '에', '의', '를' 등이 있어요.

관계적 의미

문장에서 단어, 시제, 높임법 등 여러 가지 관계를 나타내는 의미.

비슷한 말을 알아봐요.

분야(分野) 범위나 부분이 여러 개로 나뉘어짐.

[국어] 웹소설 분야는 판타지, 로맨스, 무협 등으로 나뉜다.

[생활] 우리 삼촌은 경제 분야의 전문가이다.

연결(連結) 서로 이어져 관계를 맺음.

[국어] '~고', '~지만', '~면'은 다음 문장과 연결해 주는 기능을 한다.

[생활] 지하철은 차량과 차량이 서로 연결돼 있다.

BONUS

학습도구어 더하기 - 속담, 관용어, 사자성어

속 바늘 가는 데 실 간다

바늘이 가는 데 실이 항상 뒤따른다는 뜻으로, 가까운 관계를 이름.

관 강 건너 불구경

자기에게 관계없는 일이라 생각하며 무관심하게 대함.

사 수어지교(水魚之交)

물과 물고기의 관계처럼 떼려야 뗄 수 없는 매우 친밀한 관계를 이름.

난이도 ★★★☆☆

7 구성

인물, 사건, 이야기로 연극이 만들어지는 것처럼 국어에서 '구성'은 하나의 이야기를 만들기 위해 여러 부분을 서로 연결한 일을 말해요.

구성은 이럴 때 쓰는 말이에요.

오늘은 학예회가 있는 날이에요. 옥 선생님 반은 연극 공연을 하기로 했답니다. 인물과 사건, 이야기로 구성된 연극의 모든 것을 아이들이 직접 만들었어요.

"어휴, 긴장돼! 실수라도 하면 어떡하지?"

"잘할 수 있을 거야. 파이팅!"

배우가 된 아이들은 두근두근 떨리는 마음을 안고 무대 위에서 열심히 공연을 펼쳤어요. 함께 머리를 맞대고 쓴 아이들의 연극은 꽤 재미있었답니다.

"얘들아! 이렇게 근사할 줄 몰랐어. 구성이 얼마나 흥미진진하던지! 나도 모르게 '선호가 범인이야!' 하고 소리 지를 뻔했다니까!"

하하하. 아이들은 이야기꽃을 피우며 교실로 돌아왔어요. 그때 각 반의 반장과 부반장으로 구성된 학생회가 선물 상자를 한가득 들고 교실로 찾아왔답니다. 아이들은 환호했어요.

"와! 선물 상자가 알차게 구성돼 있어! 모두 우리가 제일 좋아하는 것들이잖아?"

이렇게 국어적 의미의 구성은 '줄거리를 매끄럽게 만들기 위해 여러 가지 관련이 있는 것들을 잘 연결하는 일'을 말하고, 생활적 의미의 구성은 '부분이 모여 전체를 이루는 것'을 말해요.

이런 뜻이에요.

구성의 구(構)는 '줄을 이리저리 걸다', '이야기를 짜다'를 뜻하고, 성(成)은 '이루다', '갖추다'를 뜻해요. 두 글자를 합치면 '줄을 이리저리 걸어 이야기를 만들다'라는 의미가 만들어져요. 즉 국어에서 구성은 '서로 연결해 이야기를 이루는 것'을 말해요. 더 나아가 '서로 연결되고 엮여서 하나의 큰 작품을 만드는 것'을 뜻하기도 한답니다.

또한 구(構)의 '맺다'라는 뜻과 성(成)의 '이루다'라는 뜻을 합치면 '맺어서 이루다'라는 의미가 만들어지지요? 이것은 생활에서 사용하는 구성으로 '작은 부분이 맺어져 큰 것을 이루는 것'을 말해요. 몇 가지 부분이나 요소들이 모여 일정한 전체를 이루게 될 때 사용한답니다.

과목별

서로 연관이 있는 것들이 연결돼 하나의 이야기나 내용을 만듦.

예문
- 이 동화책은 줄거리가 흥미롭게 구성돼 있다.
- 내용이 탄탄한 구성의 시나리오는 관계자들의 관심을 끌었다.

생활 속

몇 가지 요소가 모여 일정한 전체를 짜고 이룸.

예문
- 유리네 가족 구성은 엄마, 아빠, 유리 이렇게 셋이다.

예문
- 우리 몸은 물, 단백질, 지방, 탄수화물 등으로 구성돼 있다.
- 탄산음료는 치아의 구성 성분인 칼슘을 파괴해 충치를 만든다.

꼬리에 꼬리를 무는 국어 어휘!

구성

액자식 구성

작품에서 하나 또는 그 이상의 이야기가 들어 있는 구성.

구성단위

하나를 이루는 낱낱의 부분이나 요소.

어휘 구성

한 언어가 가지고 있는 모든 단어.

재구성

한 번 구성했던 것을 다시 새롭게 구성함.

구성체

부분이나 요소들이 모여 일정하게 짜 이룬 물체나 형체.

비슷한 말을 알아봐요.

구조(構造) 부분이 어떤 전체를 짜서 이룸. 이뤄진 결과물.

[국어] 이 동화는 구조가 단순해서 어린이들이 이해하기 쉽다.

[생활] 피라미드의 구조는 현대에도 놀라운 수준이라 평가받고 있다.

짜임새 짜인 모양. 글이나 이야기가 서로 연관된 상태.

[국어] 이 글은 설명문으로서의 짜임새를 잘 갖추고 있다.

[생활] 이 목도리는 짜임새가 거칠어서 불편하다.

BONUS 학습도구어 더하기 - 속담, 관용어, 사자성어

속 단단하기만 하면 벽에 물이 고이나

아무리 단단해도 벽에 물이 고일 수는 없다는 뜻으로, 여러 가지 조건이 잘 구성돼 있어야 일이 잘됨.

관 틀(을) 잡다

일정한 형태나 구성을 갖춤.

사 이합집산(離合集散)

모였다가 흩어지는 관계라는 뜻으로, 여러 요소들이 함께 모여서 하나의 구성을 이루고 다시 나뉘어짐.

난이도 ★★★☆☆

8 구조

발단, 전개, 위기, 절정, 결말처럼 국어에서 '구조'는 이야기가 전개되는 방식을 말해요.

구조는 이럴 때 쓰는 말이에요.

"뒷이야기가 너무 궁금해! 그래서 주인공은 어떻게 돼? 희수의 소설은 늘 기다려져."

요즘 우리 반에서는 희수가 지은 소설이 인기예요. 희수의 글은 왜 재미있는 걸까요?

"얘들아. 희수의 소설은 정말 재미있지? 도대체 비밀이 뭘까? 소설은 발단, 전개, 위기, 절정, 결말의 5막 구조를 따른단다. 이 구조가 잘 완성돼야 흥미진진한 소설이 탄생하는 거야. 희수의 글은 소설 구조 중 인물의 성격과 사건이 나타나는 발단과 전개가 매우 탄탄해. 그리고 사건이 본격적으로 진행되면서 갈등이 깊어지는 위기와 절정이 흥미진진하지. 또한 마지막 결말에 갈등과 사건이 짠! 하고 해결되고 있어. 그래서 재미있는 거란다."

"아하! 탄탄한 구조로 이뤄져 있다는 게 비밀이었네요. 소설은 마치 개미집 같아요!"

곤충 박사 서현이의 말에 모두 '무슨 뜻일까?' 하는 궁금한 얼굴이 됐어요.

"개미집은 복잡하고 정교한 구조로 돼 있거든요. 희수 글처럼요. 건축가들이 개미집의 구조를 참고해서 건축물을 디자인했었다고 하니까 정말 놀랍죠?"

이렇게 국어적 의미의 구조는 '작품에서 이야기가 만들어지는 순서'를 말하고, 생활적 의미의 구조는 '여러 가지 재료를 사용해 시설물을 만드는 방식'을 말해요.

이런 뜻이에요.

구조의 구(構)는 '생각을 얽어 짜내다', '꾸며 내다'를 뜻하고, 조(造)는 '글을 쓰다'를 뜻해요. 여기서 '얽다'라는 것은 '이리저리 걸어서 하나를 만드는 것'을 말해요. 두 글자를 합치면 '생각을 얽고 꾸며서 글을 쓰다'라는 의미가 만들어져요. 이것이 바로 국어에서 뜻하는 구조랍니다. '글을 쓸 때 이야기가 전개되는 순서나 방식'을 말해요. 대부분 구조는 시작, 전개, 위기, 절정, 결말의 구조를 따라요. 이것들이 이리저리 얽혀서 이야기가 만들어져요.

또한 구(構)의 '얽다', '집을 짓다', '이루다'라는 뜻과 조(造)의 '세우다', '짓다', '만들다'라는 뜻을 합치면 '집이나 건물을 세우고 짓다'라는 의미가 만들어지지요? 그래서 '여러 가지 재료를 사용해 지은 집이나 시설물' 등을 생활에서 구조라고 해요. '여러 가지를 얽어서 무엇을 만들다'라는 또 다른 의미도 생활에서 쓰이는 구조랍니다. 부분을 모아서 전체를 만들 때 사용해요.

과목별

글의 순서나 글의 전개 방식.

예문
- 길이가 짧고 구조가 단순한 문장은 이해하기 쉽다.
- 논설문은 서론, 본론, 결론의 구조로 돼 있다.

생활 속

여러 가지 재료를 사용해 만든 시설물. 부분을 모아 이룬 전체.

예문
- 나는 일본식 구조의 집에서 살게 됐다.
- 초식·육식 동물은 소화 기관의 구조는 같지만 모양이 다르다.

꼬리에 꼬리를 무는 국어 어휘!

구조

문장 구조

주어, 동사, 목적어처럼 문장을 이루는 여러 요소들이 어떻게 연결돼 있는지를 나타내는 말.

구조 문학

작품 안의 인물, 사건, 배경 등이 서로 어떻게 관계를 맺고 있는지를 나타내는 전체 모습.

문법 구조

말이 어떤 모양인지, 말들이 어떻게 서로 이어지는지, 문장에서 어떤 역할을 하는지 모두 합친 것.

드라마 구조

시작에서부터 중간, 결말로 이어지는 이야기의 배열.

구조도

구조를 간단한 선이나 그림으로 나타낸 것.

비슷한 말을 알아봐요.

구성(構成) 작품에서 여러 사건을 통일감 있게 서술함.
몇 가지 부분을 모아서 일정한 전체를 짜 이룸.

[국어] 소설은 '누가, 어디에서, 무엇을 했다'라는 인물, 배경, 사건의 3요소로 구성된다.

[생활] 우리 동아리는 반려동물이 있는 학생들로 구성됐다.

조직(組織) 짜서 이루거나 관계를 지어 만듦.

[국어] 조직적인 글은 주제를 명확하게 전달해 독자가 이해하기 쉽다.

[생활] 나는 친구들과 문예반을 조직해서 책 읽기와 글쓰기를 하고 있다.

BONUS 학습도구어 더하기 - 속담, 관용어, 사자성어

속 고래 싸움에 새우 등 터진다

강한 자들의 대립 구조로 인해 아무 상관 없는 약한 사람이 중간에서 고생함.

관 뒤를 다지다

뒷일이 잘못되지 않게 구조나 기반을 갖춤.

사 상부상조(相扶相助)

서로 도와주고 협력하는 구조의 관계를 이름.

난이도 ★★☆☆☆

9 규칙

조사는 붙여 쓰고 단어는 분리해서 써야 하는 것처럼 국어에서 '규칙'은 문법이나 발음, 표기할 때 반드시 지켜야 하는 것을 말해요.

규칙은 이럴 때 쓰는 말이에요.

"얘들아, 이게 무슨 말일까? 아기다리고기다리던소풍날. 아버지가방에들어가신다."

와하하하! 아이들은 웃음이 터졌어요.

"띄어쓰기는 문장을 정확하게 전달하고 읽는 사람의 이해를 돕는 데 매우 중요한 역할을 한단다. 방금 문장처럼 띄어쓰기가 잘못되면 의미가 달라져서 혼란이 오기도 하지. 그러면 띄어쓰기는 어떤 규칙이 있을까?"

"단어들을 잘 분리해야 해요. 그리고 은, 는, 이, 가와 같은 조사는 단어에 붙여 쓰고요."

"맞아. 문장을 구성할 때 관계를 맺는 구실을 하는 조사는 바로 앞 단어에 붙여 쓰도록 규칙으로 정하고 있지. 그리고 단어는 모두 분리해서 띄어 쓰는 게 가장 기본 규칙이란다."

수업이 끝나고 청소 시간이 됐어요. 무슨 일인지 화가 잔뜩 난 지호가 소리쳤어요.

"플라스틱 통에 종이를 넣으면 어떡해! 분리수거 규칙은 잘 지켜야지! 약속이잖아."

지호의 말에 놀란 아이들은 얼른 규칙에 맞게 분리수거를 다시 했답니다.

이렇게 국어적 의미의 규칙은 '국어의 문법, 발음, 표기 등에서 반드시 지켜야 하는 것'을 말하고, 생활적 의미의 규칙은 '단체의 질서를 위해 다 함께 지키기로 정한 법칙'을 말해요.

이런 뜻이에요.

규칙의 규(規)는 '법', '법도'를 뜻하고, 칙(則)은 '법칙', '이치', '본보기로 삼다'를 뜻해요. 두 글자는 모두 반드시 지켜야 한다는 의미가 있지요? 즉 규칙은 '기본적으로 여러 사람이 다 같이 지키기로 한 법칙'을 말해요. 그래서 규칙이 국어에서 쓰일 때는 '문법적인 부분이나 발음, 표기 등을 정확하게 정해 놓고 반드시 지켜야 하는 것'을 뜻한답니다.

또한 규(規)의 '법', '모범으로 삼다'라는 뜻과 칙(則)의 '법칙', '본보기로 삼다'라는 뜻을 합치면 '모범으로 삼고 본보기로 삼다'라는 의미가 만들어지지요? 이것은 생활에서 쓰이는 규칙으로 '여러 사람이 다 함께 지키기로 정한 법칙', '어떤 집단에서 반드시 지켜야 할 약속'을 말한답니다. 규칙은 가정, 학교, 직장 등의 단체나 사회의 질서를 위해 반드시 필요해요.

과목별

국어의 문법, 발음, 표기 등에서 반드시 지켜야 하는 것.

예문

- 국어의 발음 규칙에서 모음으로 시작하는 글자가 뒤따르는 경우 'ㅅ' 받침은 'ㄷ'으로 바뀌어 발음된다.
- 음절(소리의 마디)은 반드시 자음과 모음으로 구성돼야 하는 규칙이 있다.

생활 속

여러 사람이 다 함께 지키기로 한 것.

예문

- 운동 경기에서는 규칙을 지키는 것이 무엇보다 중요하다.
- 우리 동아리는 일주일 동안 책 한 권을 읽어야 하는 규칙이 있다.

꼬리에 꼬리를 무는 국어 어휘!

규칙

규칙 활용

동사(동작을 나타내는 품사)나 형용사(상태를 나타내는 품사)가 일정한 규칙에 따라 모양이 바뀌는 것. '먹다'는 '먹고, 먹게, 먹어, 먹으니'로 활용되듯 '먹-'이라는 뿌리는 그대로 있고 뒤에 붙는 말만 규칙적으로 바뀌는 것을 말해요.

규칙 용언

규칙적인 활용을 하는 동사와 형용사. '사다', '차다' 등이 있어요.

받침 규칙

국어에서는 어떤 자음(받침)이 단어 끝에 올 때 원래 소리대로 나지 않고 특별한 소리로 바뀌는 것. '낮', '낯', '낫', '났'은 모두 다르게 생겼지만 모두 '낟'으로 들려요. '부엌'은 실제로 '부억'으로 소리나요.

불규칙 어간

불규칙 활용으로 모습이 달라진 어간(동사나 형용사에서 바뀌지 않고, 항상 같은 부분). '곱다'의 어간인 '곱-'에 대한 '고우-' 등이 있어요.

불규칙 용언

불규칙 활용을 하는 동사나 형용사. '짓다'가 '지어'로, '돕다'가 '도와'로 변하는 예가 있어요.

불규칙 활용

동사나 형용사가 활용될 때, 모양이 달라지는 것. '돕다'가 '도와'로, '짓다'가 '지어'로, '하다'가 '해서'로 되는 것 등을 말해요.

비슷한 말을 알아봐요.

논리(論理) **말이나 글을 생각의 흐름에 따라 알맞게 이어 가는 방법.**

[국어] 이 논설문은 논리가 정연하고 설득력이 있어서 쉽게 이해된다.

[생활] 우리가 사는 세상은 과학적 논리로 설명이 안 되는 일도 많다.

원칙(原則) **많은 경우에 보통은 지켜야 하는 기본적인 규칙이나 법칙.**

[국어] 글을 쓰려면 육하원칙인 '누가, 언제, 어디서, 무엇을, 어떻게, 왜'를 따라야 한다.

[생활] 우리 반은 즐거운 학교생활을 위해 몇 가지 원칙을 정해 놓고 따르기로 했다.

BONUS 학습도구어 더하기 - 속담, 관용어, 사자성어

속 길로 가라니까 뫼로 간다

규칙이나 윗사람의 명령을 어김.

관 법 없이 살다

마음이 곧고 착해 정해진 규칙 없이도 나쁜 짓을 하지 않음.

관 콧등이 세다

남의 말을 잘 듣지 않고 자기가 정한 규칙대로만 함.

2장

ㄷ~ㅅ으로 시작하는 학습도구어

대상 | 대조 | 목적 | 반복 | 배경

비유 | 사건 | 상징 | 설정

성격 | 소재 | 시점

난이도 ★☆☆☆☆

10 대상

지원이가 할머니와 그리움을 바탕으로 시를 쓴 것처럼 국어에서 '대상'은 글을 쓰는 소재를 말해요.

대상은 이럴 때 쓰는 말이에요.

"오늘 국어 시간에는 동시를 지어 보기로 했지? 모두 시적 대상은 정해 왔니? 시적 대상이란 '시에서 말하는 사람인 화자가 이야기하는 소재'를 말해. 세상의 모든 자연물, 사물, 인물, 심지어 눈에 보이지 않는 것까지 모두 될 수 있지. 시적 대상은 한정이 없어."

그때 지원이가 똘망똘망한 목소리로 말했어요.

"선생님! 제 작품에 시적 대상을 녹여 내야 하는 거죠? 저는 돌아가신 할머니를 시적 대상으로 삼았어요. 그리고 할머니를 그리워하는 마음도요."

"흠, 할머니와 그리움이 모두 시적 대상이 되겠구나. 아까도 말했듯이 시적 대상은 눈에 보이지 않는 것도 대상이 될 수 있단다. 지원아, 멋진 작품 기대할게!"

"역시 글을 잘 쓰는 지원이는 나의 경계 대상 1호야! 하지만 질 수 없지! 힘이여, 솟아라!"

민수의 장난스러운 말에 아이들은 함께 웃으며 시를 짓기 시작했답니다.

이렇게 국어적 의미의 대상은 '글의 바탕이 되는 재료'를 말하고, 생활적 의미의 대상은 '어떤 일의 목표나 목적이 되는 사람이나 사물'을 말해요.

이런 뜻이에요.

대상의 대(對)는 '대하다'를 뜻하고, 상(象)은 '모양'을 뜻해요. 여기서 '대하다'라는 것은 '어떤 상대로 삼다'라는 뜻이에요. 이제 두 글자를 합쳐 볼까요? 어떤 '상대로 삼는 것'이 되네요. 글을 쓸 때 상대로 삼는 것은 무엇일까요? 바로 '글의 내용이 되는 재료'예요. 정리하자면 국어에서 사용하는 대상은 '글을 쓸 때 바탕이 되는 소재, 글감'을 말한답니다.

또한 대(對)의 '상대하다'라는 뜻과 상(象)의 '모양'이라는 뜻을 합치면 '상대하는 어떤 것'이라는 의미가 만들어져요. 즉 생활에서 사용하는 대상은 '사람이 어떤 일을 할 때 그 상대가 되는 사람이나 사물' 혹은 '어떤 일을 할 때 목표나 목적으로 삼는 것', '목표나 목적이 되는 사물이나 사람'을 뜻한답니다.

과목별

글의 내용이 되는 재료.

예문

- 시적 대상은 시의 소재나 주제에서 찾을 수 있다.
- 비유법은 대상을 다른 대상에 빗대어 표현하는 법을 말한다.

생활 속

어떤 일에서 목적이 되는 사물이나 사람.

예문

- 올림픽에서 금메달을 딴 그 선수는 사람들의 관심의 대상이 됐다.
- 나는 학생을 대상으로 한 음악회에 다녀왔다.

꼬리에 꼬리를 무는 국어 어휘!

대상

대상 언어

언어를 공부할 때 그 공부의 대상이 되는 말. 연구하려고 선택한 언어.

대상어

'~을/를'이 붙어서 동작의 대상이 되는 말.

대상관계

서로를 느끼고 이어 주는 마음.

대상 기쁨

재미있는 관계가 주는 즐거움.

대상화

사물을 의미 있게 생각하는 것.

비슷한 말을 알아봐요.

목적(目的) 글의 창작 방향. 실현하려고 하는 일.

[국어] 설명문의 목적은 지식이나 정보를 사실대로 전달하는 것이다.

[생활] 암 퇴치를 목적으로 한 연구가 드디어 성공했다.

소재(素材) 글의 내용이 되는 재료. 어떤 것을 만들기 위한 바탕 재료.

[국어] 이 동화는 우주를 소재로 하고 있다.

[생활] 이 상자는 물에 젖지 않는 소재를 사용해 만들었다.

BONUS 학습도구어 더하기 - 속담, 관용어, 사자성어

속 등잔 밑이 어둡다

대상에 가까이 있는 사람이 오히려 대상에 대해 잘 모름.

관 머리에 새겨 넣다

어떤 대상이나 사실을 단단히 기억해 둠.

사 일망타진(一網打盡)

어떤 대상이나 무리를 한 번에 잡아들임.

난이도 ★★★★☆

11 대조

설명문에서 차이점으로 대상을 설명하는 것처럼 국어에서 '대조'는 두 가지 이상의 문장에서 대상의 차이점을 알아보는 일을 말해요.

대조는 이럴 때 쓰는 말이에요.

"인생은 짧고 예술은 길다! 선생님, 예술적인 제 그림 어때요?"

"오, 성민이가 대조법을 사용해 그림을 근사하게 표현했구나! 그러면 이번 국어 시간에는 비교와 대조를 사용해서 설명문을 한번 써 보도록 할까?"

설명문을 쓸 때는 비교와 대조를 사용하면 글이 더 이해하기 쉬워져요. 설명하려는 대상의 특징을 더 강조하고 정확하게 드러낼 수 있답니다.

"비교는 '두 가지 이상의 대상에서 공통점을 찾아 설명하는 것'이고 대조는 '서로 반대되는 내용을 연이어 말하면서 차이점을 찾아 설명하는 것'이니 잘 구분해서 사용해 보렴."

그때 한참 글을 쓰던 지호가 깜짝 놀라 소리쳤어요.

"어? 제 연필과 은서 연필이 섞였어요. 똑같이 생겨서 대조해 봐도 제 것을 모르겠어요."

"지호는 생각할 때 연필을 무는 버릇이 있잖아. 대조해 보고 잇자국이 있는 걸 찾아보렴."

이렇게 국어적 의미의 대조는 '문장에서 나열한 대상의 차이점을 알아보는 것'을 말하고, 생활적 의미의 대조는 '서로 달라서 차이점이 있는 것'을 말해요.

이런 뜻이에요.

대조의 대(對)는 '대하다', '맞춰 보다'를 뜻하고, 조(照)는 '견주어 보다'를 뜻해요. 두 글자를 합치면 '견주어 볼 수 있도록 맞추다'라는 의미가 만들어져요. 이처럼 국어에서 대조는 '글에서 서로 반대되는 개념을 나란히 둬서 무슨 차이가 있는지 알아보다'를 말해요. 대조는 차이점을 강조하고 드러내는 데 중점을 둔답니다.

또한 대(對)의 '대하다', '마주하다'라는 뜻과 조(照)의 '견주어 보다'라는 뜻을 합치면 '서로 맞대어 비교하다'라는 의미가 만들어지지요? 결국 생활에서 사용하는 대조는 '둘 이상의 사람이나 사물의 같고 다름을 알아보는 것'을 말한답니다. 또 '대조가 된다'라는 표현은 '서로 달라서 차이가 난다'는 뜻으로도 많이 쓰이니 기억해 두세요!

과목별

글을 통해 두 가지 이상의 대상에서 차이점을 알아봄.

예문

- 설명문은 비교와 대조로 대상의 비슷한 점과 차이점을 설명한다.
- 전래 동화는 대부분 착한 사람과 나쁜 사람을 대조시켜 교훈을 전달한다.

생활 속

두 가지 이상의 대상이 서로 달라서 비교가 됨.

예문

- 빨간 양말이 흰색 바지와 대조돼 눈에 띄었다.
- 나와 형은 성격이 매우 대조적이다.

꼬리에 꼬리를 무는 국어 어휘!

대조

대조법

서로 반대되는 대상이나 내용으로 주제를 강조하거나 인상을 선명하게 표현하는 방법.

대조 실험

문제의 조건이 어떤 영향을 주는지 알아보려고 다른 조건들은 똑같이 하고 한 가지만 바꿔서 하는 실험.

대조 연구법

실험에서 연구 방법을 비교하는 분석 방법.

대조 언어학

두 개 이상의 언어를 비교해 차이 또는 유사점을 연구하는 학문.

대조 편집

어떤 사물이나 현상을 더 돋보이게 하려고 그것과 반대되는 것만 바꿔 보여 주는 방법.

비슷한 말을 알아봐요.

대비(對比) 두 가지의 차이를 밝히기 위해 서로 비교함.

[국어] 논설문을 설명문과 대비해 보면 글쓴이의 생각이 많이 들어간다.

[생활] 이 그림은 빨강, 노랑, 파랑 등의 원색을 대비해 강렬한 느낌을 준다.

비교(比較) 둘 이상의 것을 견주어 공통점이나 차이점을 살핌.

[국어] 설명문에서 비교법을 사용하면 두 대상의 비슷한 점을 알 수 있다.

[생활] 그 선수는 다른 선수와 비교가 되지 않을 정도로 실력이 뛰어났다.

BONUS 학습도구어 더하기 - 속담, 관용어, 사자성어

속 도토리 키 재기

비슷비슷해 대조해 볼 필요가 없음.

관 거리가 멀다

대조해 보니 기대하는 것에 미치지 못함.

사 양두구육(羊頭狗肉)

양의 머리를 걸어 놓고 개고기를 판다는 뜻으로, 겉은 그럴듯하게 보여도 속은 변변치 않은 대조적인 상황을 이름.

난이도 ★★☆☆☆

12 목적

목적은 이럴 때 쓰는 말이에요.

"너, 이 사탕을 주는 목적이 뭐야? 솔직하게 말해!"

은수가 장난스럽게 눈을 흘기며 준우를 봤어요.

"목적은 무슨, 네가 좋아하니까…… 그게 사실은, 나 기행문 쓰는 것 좀 도와줄래?"

은수와 준우의 대화를 듣던 수지가 말했어요.

"나 얼마 전에 다른 아이가 쓴 기행문을 읽었는데 우리 눈높이로 쓴 거라 더 재미있더라."

"어흥! 기행문을 쓰는 목적은 여행하면서 느낀 것을 남기기 위해서잖니? 또래의 친구들이 쓴 기행문은 읽기도 좋고 공감될 만하겠구나."

놀래키며 등장한 선생님의 말에 은수도 무엇인가 생각났다는 듯 이야기하기 시작했어요.

"그러고 보면 글을 쓰는 목적을 정확하게 할 때 글이 읽기도 편하고 더 와닿는 것 같아요."

"맞아. 설명문은 지식이나 정보를 사실대로 전달하는 목적을 가지고 있어. 그런데 설명문을 쓰면서 자신의 생각을 너무 많이 넣으면 사실을 바탕으로 한 동화가 돼 버릴 거야."

이렇게 국어적 의미의 목적은 '창작하는 글이 추구하는 방향'을 말하고, 생활적 의미의 목적은 '이루고자 하는 일이나 이루려는 일을 위해 나아가는 방향'을 말해요.

이런 뜻이에요.

목적의 목(目)은 '눈'을 뜻하고, 적(的)은 '과녁', '목표'를 뜻해요. 두 글자를 합치면 '눈으로 과녁을 보다'라는 의미가 만들어져요. 눈으로 과녁을 보는 이유는 과녁 중앙에 화살을 맞히기 위해서예요. 그러니 목적은 '실현하려고 하는 일이나 나아가는 방향'을 말해요. 그래서 국어에서도 목적은 '소설, 동화, 시, 설명문 등 수많은 글이 창작될 때 추구하는 방향'을 뜻해요. 희곡의 목적은 관객에게 연극을 보여 주기 위한 것이고 논설문의 목적은 주장이나 의견을 다른 사람에게 전달하기 위해 쓰이는 것처럼요.

또한 목(目)의 '눈'이라는 뜻과 적(的)의 '목표'라는 뜻을 합치면 '목표를 향하는 눈'이라는 의미가 만들어지지요? 우리는 눈으로 목표를 항상 쳐다봐요. 그러니 목표를 향하는 눈이라는 것은 그 '목표를 이루려고 하는 과정'을 말해요. 먼저 눈으로 보고 확인해야 그 목표를 이룰 수 있으니까요. 이것은 생활에서 쓰이는 목적으로 '이루려고 하는 일'이나 '목표를 위해 나아가는 방향'을 의미한답니다.

과목별

글이 창작될 때 나아가는 방향.

예문

- 기사는 사실을 알리는 목적의 글이라 개인적인 생각을 최대한 적게 드러내야 한다.
- 소설은 독자가 읽게 하는 것이 목적이다.

생활 속

이루려고 하는 일이나 목표를 위해 나아가는 방향.

예문

- 이 대회의 목적은 학생들의 창의성을 계발시키기 위해서이다.
- 용돈은 목적에 맞게 알뜰하게 사용해야 한다.

꼬리에 꼬리를 무는 국어 어휘!

목적

목적의식
자신이 하는 행동의 이유를 분명히 아는 것.

목적 문학
정치나 사회, 종교, 생각을 나타내고 그것을 이루려고 만든 문학.

맹목적
생각이나 계획 없이 무작정 행동하는 것.

직접 목적어
'~을/를'처럼 동작의 대상을 나타내는 말.

목적 소설
예술적인 멋보다 사회적인 생각을 알리려고 쓴 소설.

간접 목적어
'철수에게'처럼 동작을 받는 사람이나 대상을 나타내는 말.

비슷한 말을 알아봐요.

의도(意圖) 무엇을 하고자 하는 생각이나 계획.

[국어] 책의 머리말을 읽어 보면 작가가 글을 쓴 의도를 짐작할 수 있다.

[생활] 내 의도와 다르게 일이 너무 커져 버렸다.

취지(趣旨) 어떤 일에 대한 기본적인 목적이나 의도, 중요한 뜻.

[국어] 기사를 쓸 때는 취지를 분명히 하고 써야 한다.

[생활] 노벨 평화상은 세계 평화에 힘쓴 사람에게 시상한다는 취지로 만들어졌다.

BONUS 학습도구어 더하기 - 속담, 관용어, 사자성어

속 고래 그물에 새우가 걸린다

목적하던 것은 얻지 못하고 쓸데없는 것만 얻게 됨.

관 길(이) 바쁘다

목적하는 곳까지 빨리 가야 함.

관 하면 하고 말면 마는 식

목적을 꼭 이루겠다는 각오 없이 하고 싶으면 하고 하기 싫으면 안 하는 안일함.

난이도 ★☆☆☆☆

13 반복

'둥둥', '동동'처럼 국어에서 '반복'은 같은 말이 여러 번 되풀이 되는 것을 말해요.

반복은 이럴 때 쓰는 말이에요.

"얘들아, 이 동시에는 어떤 특징이 있을까?"

"음. '둥둥', '동동', '북'처럼 단어가 반복돼요. 의성어, 의태어도 반복해서 나와요."

"맞아. 반복되는 의성어, 의태어가 운율을 만들어 주고 있지? 운율이 없으면 시가 아닌데 동시는 어린이들을 대상으로 하는 시니까 운율이 더 특징적으로 나타난단다."

운율이란 같거나 비슷한 소리가 반복되는 걸 말해요. 음의 높낮이, 길고 짧음, 강함과 약함, 글자 수가 규칙적으로 반복되는 것이지요.

"그리고 같은 모음이나 자음이 반복되거나 글자 수가 반복돼도 운율이 생긴단다."

그때 수업이 끝나는 종이 울리자마자 옆 반 현수가 앞문을 우당탕! 열고 들어왔어요.

"박현수! 얼마나 반복해서 말했니? 문을 세게 열면 위험하잖아! 흠, '문 조용히 열기'를 한 열 번쯤 반복해서 말해 봐. 그러면 기억날 테니 말이야."

이렇게 국어적 의미의 반복은 '단어나 글자 수 등이 여러 번 나오는 것'을 말하고, 생활적 의미의 반복은 '말이나 행동을 되풀이하는 것'을 말해요.

이런 뜻이에요.

반복의 반(反)은 '돌이키다', '되풀이하다'를 뜻하고, 복(復)은 '돌아가다', '겹치다'를 뜻해요. 두 글자를 합치면 '돌이켜 겹치다', '되풀이하고 돌아가다'라는 의미가 만들어져요. 즉 어떤 일이 계속해서 반복되는 것이지요. 이처럼 생활에서 반복은 '같은 일이나 행동, 말을 다시 되풀이하는 것'을 말해요.

그렇다면 국어에서는 반복이 어떻게 쓰이는지 볼까요? 국어에서 반복은 '단어나 문장, 글자 수 등이 일정하게 되풀이되는 것'을 말해요. 시에서는 리듬감 있는 운율을 만들고 동화나 소설에서는 내용을 강조하는 효과가 있답니다.

과목별

글자, 단어, 문장 등이 여러 번 되풀이됨.

예문

- 의성어나 의태어는 '아삭아삭', '반짝반짝', '매끈매끈'처럼 단어가 두 번 반복돼 만들어지기도 한다.
- 지시어나 접속어로 단어와 문장의 반복을 피하면 글이 간결해진다.

생활 속

행동, 말, 상황 등을 여러 번 되풀이함.

예문

- 나는 영어 단어를 반복해서 쓰며 외웠다.
- 왜 같은 실수를 반복하는 거니?

꼬리에 꼬리를 무는 국어 어휘!

반복

유의어 반복

뜻이 비슷한 말을 쓸데없이 두 번 이상 반복하는 것. '역전앞', '완두콩', '동해 바다' 등이 있어요.

반복 합성어

같은 말이 두 번 이어진 단어. '집집', '철썩철썩', '구불구불' 등이 있어요.

반복 연습

어떤 것을 이해하기 위해 그것을 되풀이해 익히는 일.

반복법

같거나 비슷한 말의 마디나 구절을 되풀이해 표현하는 것.

반복 상징

시, 소설, 희곡 등에서 여러 번 사용되면서 주제를 나타내는 데 중요한 역할을 하는 상징.

비슷한 말을 알아봐요.

겹 계속 겹쳐진 상태.

[국어] 우리말에서 '생일날', '전선줄' 같은 겹말은 한자와 순우리말의 조합이 많다.

[생활] 책장 위에는 먼지가 겹으로 쌓여 있었다.

중복(重複) 같거나 비슷한 것이 되풀이되거나 겹침.

[국어] 일정한 위치에 일정한 음정이 중복되면 운율이 만들어진다.

[생활] 약속이 중복돼서 하나를 취소했다.

BONUS 학습도구어 더하기 - 속담, 관용어, 사자성어

속 듣기 좋은 꽃노래도 한두 번이지

아무리 좋은 일이라도 여러 번 반복하면 듣기 싫어짐.

관 달게 굴다

붙잡고 매달려서 반복해 몹시 조름.

관 입에 달고 다니다

말이나 이야기를 습관처럼 반복하거나 자주 사용함.

난이도 ★★☆☆☆

14 배경

'봄날, 공원을 산책했다'라는 문장에서 때와 장소가 보이는 것처럼 국어에서 '배경'은 글이 구성되는 시간적, 공간적 장소를 말해요.

배경은 이럴 때 쓰는 말이에요.

"얘들아, 선생님이 한 문장을 읽어 볼게. 잘 들어 보렴. '어느 봄날, 나와 엄마는 공원에서 산책을 했어요'라는 문장에서 시간적 배경과 공간적 배경을 찾아볼까?"

"시간적 배경은 봄, 공간적 배경은 공원이에요."

"맞아. 시간적 배경은 '언제'이고 공간적 배경은 '어디'를 말해. 이야기는 인물들이 어떤 배경 속에서 어떤 사건을 겪는지가 연결되면서 만들어진단다. 그리고 어떤 글은 이야기의 배경이 되는 특정 시대의 상황인 시대적 배경이 들어가기도 해. 예를 들어 '1945년 8월 15일. 드디어 해방의 날을 맞이했다'라는 글이 있다면 날짜와 해방의 날이라는 표현으로 보아 해방 직후의 우리나라 사회가 시대적 배경이겠지?"

그때 무언가가 생각났다는 듯 민수가 핸드폰의 사진을 꺼내 들었어요.

"선생님, 글의 배경은 아니지만 지난 주말에 자연 배경이 멋진 곳에서 사진을 찍었어요!"

"와! 배경이 정말 근사한데? 단풍이 정말 화려하구나!"

이렇게 국어적 의미의 배경은 '글에서 보이는 시간적, 공간적 장소'를 말하고, 생활적 의미의 배경은 '그림이나 사진에서의 경치'를 말해요.

이런 뜻이에요.

배경의 배(背)는 '등 뒤에 두다'를 뜻하고, 경(景)은 '경치'를 뜻해요. 두 글자를 합치면 '경치를 등 뒤에 두다'라는 의미가 만들어져요. 이처럼 생활에서 배경은 '뒤쪽에 있는 경치나 그림, 사진, 영상에 보이는 장면'을 말한답니다. 또한 배경은 '어떤 사건, 일, 생각, 사람을 둘러싼 이유나 상황'을 나타내기도 해요. 예를 들어 '그 친구가 속상한 데는 그만한 배경이 있다', '그 사건의 배경에는 누가 있는 걸까?'처럼 말이에요.

그렇다면 국어에서의 배경은 어떨까요? '경치를 뒤에 두다'라는 것은 '이야기에서 인물의 행동이 일어나는 시간적, 공간적, 사회적 장소'를 말해요. 배경을 바탕으로 인물들이 행동하고 이야기가 전개되며 주제가 드러나지요. 그리고 연극에서는 '무대 뒤쪽에 그리거나 꾸며 놓은 장치'도 배경이라고 한답니다.

과목별

이야기가 구성되는 시간·공간·사회적 환경이나 장소.
연극 무대 뒤쪽에 꾸며 놓은 장치.

예문

- 이 소설은 1950년대를 배경으로 한 작품이다.
- 이 연극의 배경에는 유명한 작가의 그림을 사용했다.

생활 속

나를 둘러싼 경치. 그림, 사진, 영상에서 보이는 광경.

예문

- 나는 배경이 좋은 곳을 골라 사진을 찍었다.
- 이 영화는 외딴섬을 배경으로 하고 있다.

꼬리에 꼬리를 무는 국어 어휘!

배경

배경지식
어떤 일을 할 때 이미 머릿속에 있거나 기본적으로 요구하는 지식.

배경 설화
작품의 배경이 되는 옛날이야기.

무대 배경
무대 뒤에 놓는 배경 그림이나 장치.

공통 배경
대화하는 사람들이 다 알고 있는 배경 이야기.

심리적 배경
이야기 속 인물의 마음속 세계나 마음 상태.

비슷한 말을 알아봐요.

무대(舞臺) 이야기의 배경이 되는 곳. 재능을 발휘하기 위해 활동하는 장소나 분야.

[국어] 이 소설의 무대가 되는 곳은 경기도 양평이다.

[생활] 최근에는 세계를 무대로 활동하는 가수가 많아지고 있다.

환경(環境) 자연적인 조건이나 사회적인 상황.

[국어] 뜻을 가진 가장 작은 말의 단위인 형태소는 환경에 따라 모습을 바꾼다.

[생활] 시골은 자연 환경이 쾌적하다.

BONUS 학습도구어 더하기 - 속담, 관용어, 사자성어

속 순풍에 돛을 달고 뱃놀이한다

순탄한 배경 속에서 편안하고 한가롭게 지냄.

관 찬밥 더운밥 가리다

어려운 배경에 놓여 있으면서도 배부른 행동을 함.

사 구우일모(九牛一毛)

아홉 마리 소 중 한 가닥의 털이라는 뜻으로, 복잡하거나 커다란 배경 속에서 아주 작은 일부를 이름.

난이도 ★★★★☆

15 비유

내 마음을 호수에 빗대어 표현한 것처럼 국어에서 '비유'는 작가가 뜻한 바를 다른 어떤 것에 빗대어 표현하는 일을 말해요.

비유는 이럴 때 쓰는 말이에요.

"♬♪내 마음은 호수요. 그대 노 저어오오♬"

"선생님, 가수 같아 보여요. 우리 선생님 노래 실력 최고!"

"부끄럽구나. 비유법을 설명하기 위해 노래까지 부르고 말이야. 하하하."

비유는 '독자가 잘 알지 못하는 것을 쉽게 이해시키거나 작가의 감정, 기분을 독자에게 그대로 전달하기 위해 어떤 사물을 다른 사물에 빗대어 표현하는 것'을 말해요.

"'내 마음은 호수'에서 나의 마음을 호수에 빗대어 비유하는 은유법을 썼고 '선생님이 가수 같아 보인다'에서는 '~같다'라는 연결어와 합쳐 직접적으로 비유하는 직유법을 썼지."

그 순간 민호는 재미있는 생각이 났어요.

"선생님, 우리 강아지도 비유하자면 말하는 로봇 청소기 같아요. 하루 종일 꽁알대며 온 집 안을 구석구석 바쁘게 다니거든요!"

이렇게 국어적 의미의 비유는 '글쓴이가 뜻하는 것을 독자의 이해를 돕기 위해 어떤 것에 빗대어 표현하는 것'을 말하고, 생활적 의미의 비유는 '말하고자 하는 것을 다른 사람이 알기 쉽게 하려고 빗대어 설명하는 것'을 말해요.

이런 뜻이에요.

비유의 비(比)는 '비교하다'를 뜻하고, 유(喩)는 '가르쳐 주다'를 뜻해요. 두 글자를 합치면 '비교해서 가르쳐 주다'라는 의미가 만들어져요. 이것이 바로 국어에서 사용되는 비유에요. '알지 못하는 것을 이해시키거나 작가가 말하고자 하는 것을 독자에게 더 잘 전달하고 알려 주기 위해 다른 것에 빗대어 표현하는 것'을 말한답니다.

또한 비(比)의 '견주다'라는 뜻과 유(喩)의 '깨닫다'라는 뜻을 합치면 '견주어서 깨닫게 하다'라는 의미가 만들어지지요? '견준다'라는 것은 '어떤 차이가 있는지 알기 위해 서로 대어 보는 것'을 말해요. 이것이 바로 생활에서 사용하는 비유예요. '어떤 현상이나 사물, 사람에 대해 쉽게 알려 주고 이해시키기 위해 다른 비슷한 현상이나 사물, 사람 등에 빗대어서 설명하는 것'을 말한답니다.

과목별

작가의 의도를 알리기 위해 어떤 것에 빗대어 표현함.

예문

- '냉장고가 숨을 쉰다'라는 문장은 생명이 없는 것을 있는 것에 비유한 활유법을 사용한 문장이다.
- 직유법은 '마치', '같이', '흡사', '듯'과 같은 연결어를 사용해 비유한다.

생활 속

쉽게 이해시키기 위해 다른 현상, 사물, 사람에 빗대어 설명함.

예문

- 그 한국 무용수는 한 마리 학에 비유되곤 했다.
- 이 빵은 너무 부드러워서 솜사탕에 비유해도 될 정도이다.

꼬리에 꼬리를 무는 국어 어휘!

비유

비유 문학

직유, 은유 등과 같은 비유법을 많이 활용해 이뤄진 문학.

비유법

표현하고자 하는 대상을 다른 대상에 빗대어 표현하는 방법. 직유법('~처럼'으로 표현), 은유법('~이다'로 표현), 의인법(사물을 사람처럼 표현), 의성법(소리를 흉내 내기), 의태법(모양이나 움직임을 흉내 내기), 풍유법(숨겨진 뜻을 넌지시 표현), 제유법(어떤 것을 그와 관련된 다른 것으로 대신 표현), 환유법(어떤 것의 특징이나 부분으로 그 전체를 대신 표현), 중의법(한 가지 말이 두 가지 뜻을 가지는 표현) 등이 있어요.

비유의 오류

비유를 사실처럼 착각해서 생기는 잘못. '뱀과 같은 지혜'와 '독수리와 같은 용맹' 등이 있어요.

비유적 속담

사물이나 상황을 빗대어 교훈을 주는 속담.

비슷한 말을 알아봐요.

묘사(描寫) 어떤 대상이나 현상 등을 언어나 그림으로 표현함.

[국어] 이 소설은 주인공의 마음을 섬세하게 묘사하고 있다.

[생활] 화가가 묘사한 과일은 마치 사진 같았다.

비교(比較) 둘 이상의 것을 견주어 차이점과 비슷한 점 등을 알아봄.

[국어] 개와 늑대의 비슷한 점을 찾아 비교법을 넣어서 설명문을 썼다.

[생활] 나와 동생의 키를 비교해 보니 내가 조금 더 컸다.

BONUS 학습도구어 더하기 - 속담, 관용어, 사자성어

속 금이야 옥이야

매우 소중하고 귀하게 여기는 것을 값비싼 금과 옥을 다루는 것에 비유함.

관 밑 빠진 독[항아리]

힘이나 돈을 아무리 들여도 끝이 없고 보람도 없는 상태를 비유함.

사 권토중래(捲土重來)

어떤 일에 실패한 후 힘을 가다듬고 그 일에 다시 뛰어드는 것을 비유함.

난이도 ★★☆☆☆

16 사건

국어에서 '사건'은 이야기에서 주인공을 중심으로 벌어지는 일들을 말해요.

사건은 이럴 때 쓰는 말이에요.

"사건 발생! 사건 발생! 김민수가 교실 빗자루를 망가뜨렸다. 체포하라!"

망가진 빗자루를 보고 지훈이가 장난을 쳤어요.

"민수가 사건을 일으킨 거니? 하하하. 그러면 오늘은 이야기 속 사건에 대해 알아볼까?"

아이들은 눈이 동그래졌어요. 이야기 속의 사건? 그건 추리 소설에만 나오는 거 아닌가?

"이야기 속에서 사건이란 '소설이나 동화, 희곡 등 작품 속에서 인물들이 겪거나 벌이는 일'을 말해. 여러 사건이 모여서 하나의 이야기가 만들어지지. 그리고 이야기 속에서 일어난 사건의 연속을 '사건의 전개 방식'이라고 한단다."

선생님의 설명을 듣던 지호가 심각한 얼굴이 됐어요.

"선생님, 이야기 속 사건은 흥미진진하기도 하고 재미있잖아요? 그런데 얼마 전에 일어난 그 사건은 너무 무서웠어요."

"아이가 실종되는 사건? 금방 해결돼서 정말 다행이었어. 너희도 항상 조심하렴."

이렇게 국어적 의미의 사건은 '작품에서 인물이 겪거나 벌이는 일, 인물 주변에서 일어나는 모든 일'을 말하고, 생활적 의미의 사건은 '평소와 다르게 일어난 뜻밖의 일'을 말해요.

이런 뜻이에요.

사건의 사(事)는 '일'을 뜻하고, 건(件)은 '물건', '사건', '하나하나 셀 수 있는 물건'을 뜻해요. 두 글자를 합치면 '일어난 일 하나하나'라는 의미가 만들어져요. 이것은 국어에서 말하는 사건이에요. 즉 국어에서 사건은 '작품에서 이야기가 이어지기 위해 일어나는 하나하나의 일들'을 말해요. 인물들이 겪거나 벌이는 일이랍니다.

또한 사(事)의 '일'이라는 뜻과 건(件)의 '구분하다'라는 뜻을 합치면 '구분되는 일'이라는 의미가 만들어지지요? 이것이 바로 생활에서 쓰이는 사건이에요. '뜻밖의 일', '평소와는 다른 특별한 일'을 말해요. 개인에서 사회로 확대돼 사용되면서 '사회적으로 관심과 주목을 받거나 문제가 되는 일'을 가리키기도 한답니다.

과목별

동화, 소설, 희곡 등에서 내용을 만들어 가기 위해 일어나는 여러 가지 일들.

예문

- 작품에서는 사건이 모여서 하나의 이야기를 만든다.
- 동화나 소설에는 반드시 사건이 등장한다.

생활 속

평소와 다르게 일어난 일. 사회적으로 문제가 되는 일.

예문

- 이 영화는 역사적 사건을 배경으로 만들어졌다.
- 경찰은 우리 동네에서 일어난 사건을 조사 중이다.

꼬리에 꼬리를 무는 국어 어휘!

사건

사건시

문장에서 일이 일어나는 시간.

부대사건

어떤 사건에 덧붙어서 일어나는 사건.

극적 사건

등장인물이 행동하게 만들고 인물들 사이에 새로운 일이 생기게 해서 이야기가 더 흥미롭게 이어지도록 하는 중요한 사건.

비상사건

예사롭지 않고 크게 생긴 일.

사건기자

신문사나 잡지사에서 경찰이 다루고 있는 사건을 보도하는 기자.

비슷한 말을 알아봐요.

내용(內容) 말이나 글의 기본 줄거리에 담긴 생각. 껍질, 그릇, 포장 안에 든 것.

[국어] 이 책은 내용이 어려워서 여러 번 읽었다.

[생활] 나는 택배 상자의 내용을 확인했다.

줄거리 소설, 이야기, 연극, 영화 등의 전체적인 내용. 잎이 다 떨어진 나뭇가지.

[국어] 나는 어제 읽은 동화의 줄거리를 동생에게 들려줬다.

[생활] 겨울이 되자 나무들은 줄거리만 앙상하게 남았다.

BONUS 학습도구어 더하기 - 속담, 관용어, 사자성어

속 서울 소식은 시골 가서 들어라

가까운 사람보다 먼 사람이 어떤 사건을 더 빨리 알 수도 있음.

관 손에 장을 지지다

어떤 사실이나 사건에 대해 전혀 믿을 수가 없음.

사 사사건건(事事件件)

모든 일 또는 온갖 사건.

난이도 ★★☆☆☆

17 상징

비둘기가 평화의 상징으로
여겨지는 것처럼 국어에서의 "상징"은
글 속에서 보이지 않는 속뜻을 말해요.

상징은 이럴 때 쓰는 말이에요.

"선생님, 올림픽에서는 왜 비둘기를 날리는 거예요? 올림픽 방송을 보다가 궁금해졌어요."

"비둘기는 사람과 사람을 이어 주는 평화를 상징하는 동물이야. 올림픽이 열리는 이유와 딱 맞지? 그런데 너희들이 재미있게 읽는 동화에도 이 상징은 많이 들어 있단다."

그때 독서 박사 지원이의 눈이 반짝였어요.

"아하! <파랑새> 동화에서 파랑새는 희망을 상징해요. 희망을 찾아가는 과정을 그린 거죠!"

"맞아. 전래 동화에도 상징이 많이 나오지. <흥부와 놀부>에서도 놀부는 부자이면서 남을 배려하지 않는 이기적인 사람을 상징하고 흥부는 가난해도 남을 돌보는 사람을 상징하지."

"선생님! 저도 우리 반의 상징인 질서와 배려를 위해 잔소리를 좀 해야겠어요! 책은 책꽂이에 가나다 순서로 꽂는 거야. 교실 문은 살살 열라고 몇 번을 강조했니!"

"어휴! 미안, 미안. 우리 모두 조심할게. 하하하."

이렇게 국어적 의미의 상징은 '글의 내용에 문장으로 드러나지 않는 여러 가지 속뜻'을 말하고, 생활적 의미의 상징은 '생각, 느낌, 의견 등 눈에 보이지 않는 것을 구체적인 사물이나 정확한 개념으로 나타내는 것'을 말해요.

이런 뜻이에요.

상징의 상(象)은 '모양', '형상'을 뜻하고, 징(徵)은 '부르다'를 뜻해요. 두 글자를 합치면 '어떤 모양이나 형상을 부르다'라는 의미가 만들어져요. 이것은 '모양이 없는 것을 모양이 있는 것처럼 만들어 부르다'라는 뜻이에요. 이처럼 국어에서 상징은 '글의 내용이나 소재, 주제 등이 문장으로 나타내는 뜻 말고도 더 구체적이고 넓은 뜻이 있는 것'을 말해요. 이는 '눈에 보이는 문장이 아닌 문장 뒤에 숨겨진 다른 뜻'을 말하기도 한답니다.

또한 상(象)의 '모양'이라는 뜻과 징(徵)의 '부르다', '구하다'라는 뜻을 합치면 '눈에 보이지 않는 모양을 부르고 구하다'라는 의미가 만들어지지요? 즉 생활에서 사용되는 상징은 '일정한 형태와 성질을 갖추고 있지 않은 사실, 생각, 느낌, 개념 등을 구체적인 사물, 대표성을 띤 기호, 확실한 개념으로 나타내는 것'을 말한답니다. 예를 들어 추상적인 관념인 '평화'를 구체적인 사물인 '비둘기'로 나타내거나 '사랑'을 '하트 모양'으로 나타내는 것처럼 말이에요.

과목별

문장으로 나타난 뜻 외에 그 속에 숨겨진 의미.

예문

- 이 시에서 '깃발'은 삶의 의미와 이상향에 대한 동경을 상징한다.
- 그리스 로마 신화에서 영원한 희생을 상징하는 '프로메테우스'는 인간에게 불을 알려 줬다.

생활 속

일정한 형태가 없는 것을 대표적인 기호나 사물로 나타냄.

예문

- 이 그림에서 학과 구름은 하늘에서 내려오는 신을 상징한다.
- 태극기는 우리나라를 상징한다.

꼬리에 꼬리를 무는 국어 어휘!

상징

상징법

말하고 싶은 것을 바로 말하지 않고 다른 사물에 비유해서 나타내는 표현 방법.

상징 부사

사람이나 사물의 소리와 모양을 흉내 낸 의성 부사(다른 말의 뜻을 더 자세하게 설명해 주는 말)와 의태 부사를 통틀어 이르는 말. '철썩철썩', '데굴데굴' 등이 있어요.

상징시

하고 싶은 말을 바로 말하지 않고 다른 사물이나 상황에 빗대어 조심스럽게 표현하는 시.

상징성

눈에 보이지 않는 생각이나 느낌을 눈에 보이거나 만질 수 있는 것으로 나타내는 성질.

상징어

소리나 모양, 동작을 흉내 내는 말. 의성어와 의태어로 나뉘어요.

비슷한 말을 알아봐요.

비유(比喩) 어떤 사물이나 현상을 그와 비슷한 다른 것에 빗대어 표현함.

[국어] 이솝 우화는 사람을 동물에 비유해 표현한 이야기이다.

[생활] 귀엽고 착한 사람을 '강아지'에 비유하곤 한다.

형용(形容) 어떤 것을 말이나 글로 나타냄. 사람이나 사물의 생긴 모양.

[국어] 부모님에 대한 감사함을 어떻게 형용할 수 있을까!

[생활] 하늘에 여러 형용의 구름이 떠다닌다.

BONUS 학습도구어 더하기 - 속담, 관용어, 사자성어

속 사람과 쪽박[그릇]은 있는 대로 쓴다[쓰인다]

살림을 할 때는 쓸모없는 것의 상징인 매우 작은 바가지도 모두 사용하는 것처럼 어떤 사람이든 모두 나름대로 쓸모가 있음.

관 떠오르는 별

어떤 분야에 새롭게 등장해 뛰어난 재능을 보이는 사람을 상징함.

사 새옹지마(塞翁之馬)

인생은 좋은 일도 있고 나쁜 일도 많아서 앞으로 어떻게 될지 알기 어려움을 상징적으로 나타냄.

난이도 ★★★☆☆

18 설정

연극의 배경을 시골로 정하는 것처럼
국어에서 "설정"은 글의 배경이나
역할 등을 정하는 일을 말해요.

설정은 이럴 때 쓰는 말이에요.

"얘들아, 내 생각 좀 들어 봐. 이 작품은 조용하고 한적한 시골을 무대로 설정하자. 그래야 호랑이가 나타났을 때 더 무섭고 조마조마한 기분이 들 테니까 말이야."

곧 있을 학교 연극제에서 아이들은 연극 무대를 어떻게 꾸밀지 한창 이야기 중이에요.

"오, 그거 좋구나. 그리고 시간대도 밤으로 설정하는 것이 어때? 호랑이는 보통 밤에 움직이고 밤에 나타나면 더 무섭잖니. 어흥!"

"으악! 휴, 선생님이 우리를 놀라게 하는 설정은 매번 적응하기 힘들어요. 선생님, 우리 반은 연극제에서 3위 안에 드는 것으로 목표를 설정했어요! 그러니 선생님께서 연출가로서 저희를 잘 이끌어 주셔야 해요!"

"하하하. 좋았어! 최선을 다하마. 그런데 얘들아, 학교에서 이번에 새롭게 문화 주간을 설정하고 연극제를 하는 건 너희들의 숨겨진 창의성을 끌어내고 서로 도와 가며 하나의 작품을 완성하는 경험을 하게 해 주고 싶어서란다. 순위는 아무 상관 없는 거 알지?"

이렇게 국어적 의미의 설정은 '작품에서 배경이나 인물, 성격 등을 정하는 것'을 말하고, 생활적 의미의 설정은 '무언가를 새로 만들어 정하는 것'을 말해요.

이런 뜻이에요.

설정의 설(設)은 '세우다', '설립하다'를 뜻하고, 정(定)은 '정하다'를 뜻해요. 두 글자를 합치면 '세워서 정하다'라는 의미가 만들어져요. 여기서 '세우다'라는 것은 '새롭게 만들다'라는 뜻이에요. 마치 건물을 세우는 것처럼 말이에요. 그래서 국어에서 설정은 '작품에서 배경이나 역할, 인물, 주제, 성격 등을 새롭게 정하는 것'이 됐어요. 이것은 배경, 역할, 주제 등을 먼저 정해야 작품이 완성되기 때문이랍니다.

또한 설(設)의 '세우다', '설립하다', '갖춰지다'라는 뜻과 정(定)의 '정하다', '약속하다'라는 뜻을 합치면 생활에서 사용하는 설정이 된답니다. 이것은 국어에서의 설정과 비슷하지만 조금 다르게 사용돼요. 생활에서는 '문제, 관계, 단계, 목표, 규모 등을 새롭게 만들어 정하는 것'을 말하거든요. 즉 '일상에서 어떤 것을 새로 만들어서 정해 두는 것'은 모두 설정이라고 생각하면 돼요.

과목별

글에서 배경, 역할, 주제 등을 정함.

예문

- 이 동화는 등장인물이 단 한 사람으로 설정돼 있다.
- 주제를 먼저 설정하고 글을 쓰는 것이 좋다.

생활 속

새로 만들어 정해 둠.

예문

- 나는 줄넘기 200개를 운동 목표로 설정했다.
- 동생은 핸드폰의 비밀번호를 다시 설정했다.

꼬리에 꼬리를 무는 국어 어휘!

설정

주제 설정

글의 주제 또는 중요한 부분을 정하는 작업.

배경 설정

인물과 사건의 시간적, 공간적 상황과 배경을 정하는 작업.

설정 자료

애니메이션에 필요한 모든 자료.

화제 설정

대화할 때 중요한 부분이나 주제를 정하는 것.

논제 설정

신문, 잡지, 영화, 텔레비전 같은 매체가 하는 일 중 하나로, 어떤 문제를 특별히 많이 보여 주고 알려 줘서 사람들이 그 문제를 중요하게 생각하게 만드는 기능.

비슷한 말을 알아봐요.

도구(道具) 어떤 목적을 이루기 위한 수단과 방법. 일을 할 때 쓰는 연장.

[국어] 그 작가는 자신의 감정을 표현하는 도구로 소설을 선택했다.

[생활] 우리는 청소 도구를 모두 꺼내 놓고 교실을 청소했다.

장치(裝置) 작품에서 이야기에 영향을 주는 여러 요소. 목적을 도와주는 기계.

[국어] 이솝 우화는 동물의 의인화라는 문학적 장치를 사용해서 친근감을 준다.

[생활] 이 박물관에는 곳곳에 도난 방지 장치가 붙어 있다.

BONUS 학습도구어 더하기 - 속담, 관용어, 사자성어

속 세 살 적 버릇[마음]이 여든까지 간다

어릴 때부터 설정된 습관은 나이가 들어서도 영향을 미쳐 고치기 어려움.

관 여느 때 없다

따로 설정된 때가 없음.

사 유비무환(有備無患)

준비가 돼 있으면 걱정할 것이 없다는 뜻으로, 철저한 준비와 설정이 필요함.

난이도 ★☆☆☆☆

19 성격

교훈적, 고백적, 대조적인 성질의 글처럼 국어에서 "성격"은 그 글의 전체에 흐르는 특징을 말해요.

성격은 이럴 때 쓰는 말이에요.

"얘들아, <개미와 베짱이> 이야기 잘 들었지? 그러면 이 글의 성격을 알 수 있겠니?"

"음, 교훈적인 성격의 글이에요. 베짱이처럼 놀기만 하고 게으름을 부리면 어떻게 되는지 보여 주니까요. 그리고 어려운 이웃을 생각하는 개미처럼 저도 배려심을 가져야겠다고 생각했어요."

"그렇지. 글의 성격은 여러 가지 갈래로 나눌 수 있단다. 마치 각양각색인 우리 성격처럼 말이야. 이런 우화나 전래 동화는 보통 교훈적이고 대조적인 성격이 많아. <개미와 베짱이>, <흥부와 놀부>, <콩쥐 팥쥐>처럼 서로 달라서 대비가 되는 인물로 이야기를 꾸며 나가는 것이지. 전래 동화에서 대부분 착한 역할과 나쁜 역할이 나뉘어져 나오는 것도 그런 이유란다."

쉬는 시간이 되자 지호가 무엇인가를 곰곰이 생각하고 있어요.

"아무리 생각해도 우리 형은 정말 무덤덤한 성격이야. 어제 내가 형 과자까지 다 먹어 버렸는데도 '네가 맛있게 먹었으면 됐어'라고 말하더라니까?"

"부럽다. 그런 형도 있고…… 넌 정반대의 성격인 거 알지? 흐흐흐."

이렇게 국어적 의미의 성격은 '글 전체에 흐르는 특징적이고 중심이 되는 성질'을 말하고, 생활적 의미의 성격은 '한 사람이 가진 특성이나 품성'을 말해요.

이런 뜻이에요.

성격의 성(性)은 '타고난 성질', '모습'을 뜻하고, 격(格)은 '격식', '인품', '인격'을 뜻해요. 두 글자를 합치면 '타고난 성질과 인격, 타고난 모습과 인품'이라는 의미가 만들어져요. 이는 '원래부터 가지고 있는 성질'을 말해요. 이것이 바로 생활에서 쓰이는 성격이에요. '각 개인이 가진 고유의 성질, 사물이나 현상이 본래부터 가지고 있는 성질'을 성격이라고 한답니다.

그렇다면 국어에서는 성격의 뜻이 어떻게 쓰이는지 볼까요? 바로 '글이 가진 고유의 성질'을 말해요. 글도 사람이나 사물처럼 자신만의 색을 지니고 있어요. '가장 눈에 띄게 나타나는 글의 흐름'이지요. 이것이 바로 국어에서 사용하는 성격이랍니다.

과목별

글이 가진 뚜렷한 성질.

예문

- 논설문은 글쓴이의 생각과 주장이 드러난 주관적인 성격의 글이다.
- 설명적인 성격의 글은 객관적인 자료가 바탕이 돼야 한다.

생활 속

사람, 현상, 사물이 지닌 고유의 성질이나 특성.

예문

- 동생은 성격이 소심해서 사람들과 잘 어울리지 못한다.
- 고무는 잘 늘어나는 성격을 가진 물체이다.

꼬리에 꼬리를 무는 국어 어휘!

성격

성격 묘사
인물의 마음과 성격을 그려 내는 일.

성격 수필
한 사람의 성격이나 행동에 대해 이야기하는 짧은 글.

이중성격
서로 다른 두 가지 성격.

성격 유형론
사람들의 성격을 몇 가지 종류로 나눠 알아보려는 이론.

성격비극
인물들의 성격 때문에 서로 싸우게 되고 결국 큰 문제가 생기는 슬픈 이야기.

비슷한 말을 알아봐요.

성질(性質) 사물이나 현상이 가진 고유한 특성. 사람이 지닌 마음의 바탕.

[국어] 이 논설문은 비판적, 설명적, 설득적 성질을 가지고 있다.

[생활] 내 친구는 가끔 버럭 화를 내는 성질이 있다.

특성(特性) 한 사물에만 있는 특수한 성질.

[국어] 글의 구조나 전개 방식에서 그 글의 특성이 드러난다.

[생활] 이 화초는 어두운 곳에서 잘 자라는 특성이 있다.

BONUS 학습도구어 더하기 - 속담, 관용어, 사자성어

속 급하기는 우물에 가서 숭늉 달라겠다

매우 급한 성격이거나 일을 하는 데 매우 조급해함.

관 맺힌 데가 없다

성격이 대범하고 시원시원함.

사 근묵자흑(近墨者黑)

먹을 가까이하면 검어진다는 뜻으로, 성격이나 태도는 주변 환경의 영향을 받음.

난이도 ★★☆☆☆

20 소재

어떤 글을 쓸지 정한 것처럼 국어에서 '소재'는 글의 내용을 만들어 가는 재료를 말해요.

소재는 이럴 때 쓰는 말이에요.

"글쓰기에 쓸 소재로 뭘 선택하지? 쓰고 싶은 게 너무 많아."

글쓰기 시간을 앞두고 아이들은 서로 이야기를 나누고 있어요. 글의 소재는 글을 쓰는 데 바탕이 되는 모든 재료를 말하고 무엇이든 될 수 있답니다.

"소재를 정하는 것은 자유지만 어떤 글을 쓰느냐에 따라 적절한 소재를 선택해야 해. 일기를 쓸 때는 오늘 겪었던 일, 설명문을 쓸 때는 설명하고자 하는 것, 편지를 쓸 때는 읽는 이에게 하고 싶은 말이 소재가 되겠지. 편지를 쓰면서 뜬금없이 얼룩말에 대한 설명을 쭉 적고 마무리하지는 않잖니?"

와하하하! 아이들은 크게 웃었어요. 우진이도 어떤 소재로 글을 쓸지 정했답니다.

"난 기사문을 쓸 거야. 어제 우리 동네 시장에 불이 난 것을 소재로 말이야."

"아, 나도 들었어. 불이 난 창고가 화재를 잘 견디는 소재로 만들어져 있어서 큰불로 번지지 않은 거래. 너무 다행이야."

이렇게 국어적 의미의 소재는 '이야기를 구성하는데 밑바탕이 되는 요소'를 말하고, 생활적 의미의 소재는 '어떤 것을 만드는 재료'를 말해요.

이런 뜻이에요.

소재의 소(素)는 '바탕'을 뜻하고, 재(材)는 '재료'를 뜻해요. 두 글자를 합치면 '바탕이 되는 재료'라는 의미가 만들어져요. 이것은 생활에서 사용하는 소재예요. '어떤 것을 만들 때 바탕이 되는 재료'를 말해요. 옷 소재인 면, 가구 소재인 나무처럼 말이에요.

그렇다면 국어에서 '바탕이 되는 재료'인 소재는 무엇일까요? 바로 '글을 쓰는 바탕이 되고 글의 내용을 만들어 가는 재료가 되며 소설의 구성에 밑바탕이 되는 요소'를 말해요. 이것들은 작가가 글에서 말하고자 하는 것을 나타내기 위해 선택되는 것들이지요. 무궁화에 대한 설명문에서는 무궁화가, 바다에 관한 시에서는 바다가, 여우에 관한 동화에서는 여우가 소재가 되는 것처럼 말이죠.

과목별

글에서 내용을 만드는 밑바탕이 되는 요소.

예문

- 그 작가는 3·1운동을 소재로 글을 쓰고 있다.
- 이 연극은 전쟁을 소재로 한 소설을 바탕으로 만들었다.

생활 속

무엇을 만드는 재료.

예문

- 이 의자는 종이를 소재로 만들었다.
- 이 옷은 소재가 합성 섬유라 땀 흡수가 잘 안된다.

꼬리에 꼬리를 무는 국어 어휘!

소재

생활 소재
작가가 이야기를 만들 때 참고하는 실제 사람들의 생활이나 경험.

친환경 소재
자연을 오염시키거나 가공하지 않고 자연 그대로에서 얻은 소재.

소재 면
글을 쓸 때 이야기나 설명에 들어가는 내용이나 소재.

단골 소재
제품, 작품을 제작할 때 자주 사용하는 소재.

면 소재
면으로 된 옷 소재.

비슷한 말을 알아봐요.

대상(對象) 글의 내용이 되는 재료. 어떤 일의 상대가 되는 것.

[국어] 이 시의 시적 대상은 진달래꽃이다.

[생활] 나는 친구들을 대상으로 마술쇼를 펼쳤다.

재료(材料) 글의 소재나 대상. 물건을 만들 때 바탕으로 사용하는 것.

[국어] 나는 동화를 쓰기 위한 재료를 모두 수집했다.

[생활] 잡채를 만들 때 필요한 재료는 당면, 소고기, 양파, 당근 등이 있다.

BONUS 학습도구어 더하기 - 속담, 관용어, 사자성어

속 돈이 많으면 장사를 잘하고 소매가 길면 춤을 잘 춘다

모든 일이 잘되려면 그 소재가 좋고 풍족해야 함.

관 도마 위에 오르다

어떤 사물이 비판의 소재로 삼아짐.

사 마부위침(磨斧爲針)

도끼를 갈아 바늘로 만든다는 뜻으로, 어떤 소재도 꾸준한 노력으로 유용하게 변할 수 있음.

난이도 ★★★☆☆

21 시점

'나'가 이야기를 이끄는 일인칭 시점처럼
국어에서 '시점'은 이야기를
전달하는 사람의 위치를 말해요.

시점은 이럴 때 쓰는 말이에요.

"으악! 조마조마해서 더 이상 못 읽겠어! 주인공이 범인을 피해 집을 빠져나가는 장면인데 이 소설은 마치 내가 주인공이 된 것 같아서 더 무서워. 흑흑."

선호가 외치는 소리에 선생님이 다가왔어요.

"하하하. 선호가 읽고 있는 소설이 일인칭 시점이라서 그렇단다."

소설의 시점은 '이야기를 이끌어 가는 인물이 사건을 보는 시각과 태도'를 말해요. 서술자가 소설 속 등장인물인 '나'로 나타나면 '일인칭 시점', 서술자가 등장인물이 아니라 사건 밖에 위치한 사람이면 '삼인칭 시점'이랍니다.

쉬는 시간이 됐어요. 지수는 지난 주말에 엄마와 함께 길고양이들의 사료와 물을 챙겨 줬답니다. 그 말을 듣고 놀란 진수가 얼굴을 찡그리며 더럽다는 듯 손사래를 쳤어요.

"진수야, 넌 동물을 보는 시점을 좀 바꾸면 좋을 것 같아. 자연은 인간과 동물이 함께 살아가는 곳이잖아. 길고양이들도 주변 사람들이 돌봐 주면 깨끗하게 같이 살 수 있어."

이렇게 국어적 의미의 시점은 '소설의 내용을 바라보는 이야기 전달자의 위치'를 말하고, 생활적 의미의 시점은 '사물을 보고 생각하는 태도'를 말해요.

이런 뜻이에요.

시점의 시(視)는 '보다'를 뜻하고, 점(點)은 '점', '얼룩'을 뜻해요. 두 글자를 합치면 '보는 점'이라는 의미가 만들어져요. 이것은 생활에서 사용하는 시점이에요. '어떤 대상을 볼 때 눈이 가는 점', '눈이 가 닿는 위치'를 말한답니다. 그리고 이 의미가 더 넓게 쓰여서 '사물이나 현상을 보고 생각하는 태도'를 뜻하기도 해요.

그렇다면 이 뜻이 국어에서는 어떻게 활용될까요? 국어에서 시점은 '이야기를 전달하는 사람이 그 내용을 바라보는 위치'를 말해요. 즉 '나'의 위치에서 이야기를 전달할 수도 있고 소설 밖 글을 바라보는 위치에서 이야기를 전달할 수도 있어요. 예를 들면 똑같은 내용도 '나는 엄마를 사랑한다'라고 '나'의 시점에서 이야기를 풀어 갈 수도 있고 '지원이는 엄마를 사랑한다고 말했다'라고 소설 밖에서 바라보는 시점에서 이야기를 전달할 수도 있는 거죠.

과목별

소설이나 동화에서 이야기를 전달하는 사람이 내용을 바라보는 위치.

예문

- 이 소설은 중간쯤부터 시점이 변하고 있다.
- 고전 소설은 대체로 서술자가 모든 일을 알고 말하는 전지적 작가 시점이다.

생활 속

눈이 가 닿는 위치. 사물을 보는 태도.

예문

- 이 그림은 시점을 무시하고 그려서 뒤에 있는 사람이 앞 사람보다 더 크다.
- 이 문제는 아이들의 시점으로 바라보면 이해할 수 있어.

꼬리에 꼬리를 무는 국어 어휘!

시점

일인칭 시점
소설에서 화자(이야기를 하는 사람)가 보는 관점.

삼인칭 시점
이야기에 등장하지 않는 사람이 모든 인물과 사건을 설명하는 방법.

작가 관찰자 시점
말하는 사람이 직접 겪지 않고 옆에서 지켜보는 사람처럼 이야기를 전하는 방법.

전지적 작가 시점
이야기를 말하는 사람이 마치 신처럼 모든 인물의 생각과 사건을 다 알고 이야기하는 방법.

시점별
이야기를 누가 어떤 눈으로 말하는지에 따라 나누는 것.

비슷한 말을 알아봐요.

관점(觀點) 사물을 관찰한 것에 대해 생각하는 태도.

[국어] 작가가 대상을 객관적 관점에서 봤는지, 주관적 관점에서 봤는지에 따라 글의 성격이 결정된다.

[생활] 이 문제에 대한 나와 아빠의 관점이 다르다.

태도(態度) 어떤 일이나 상황을 대하는 마음가짐이나 자세.

[국어] 시 속에서 말하는 사람인 화자의 태도를 통해 화자가 대상에 대해 어떤 마음을 가졌는지 이해할 수 있다.

[생활] 공부하는 태도가 좋다고 선생님께서 칭찬하셨다.

BONUS 학습도구어 더하기 - 속담, 관용어, 사자성어

속 선떡 받듯이

만족스럽지 못하고 못마땅한 시점으로 사물이나 상황을 바라봄.

관 나 몰라라 하다

어떤 일을 무관심한 시점으로 보면서 상관하지도 않고 간섭하지도 않음.

사 천재일우(千載一遇)

천 년에 단 한 번 만난다는 뜻으로, 매우 드문 기회나 시점을 이름.

~면서
~게
~고
~지만
~든지
~라는데
~에야
~며
~면
~수록
~려고
~느라고
~으로
~니까
~지
~자마자
~도록
~고
~러

자유시

기사문
소설
논설문
동화
시
광고문
설명문
NOBEL

3장

ㅇ~ㅈ으로 시작하는 학습도구어

역할 | 연결 | 의미 | 인물

자유 | 장면 | 접속 | 종류

주관 | 주제 | 지시

난이도 ★☆☆☆☆

22 역할

<콩쥐 팥쥐> 연극에서 각각 배역을 담당한 것처럼 국어에서 '역할'은 배우가 맡아서 하는 일을 말해요.

역할은 이럴 때 쓰는 말이에요.

"난 팥쥐 역할을 하고 싶어."

"뭐? 팥쥐는 여자아이야. 넌 남자잖아."

"그런 고정 관념을 깨뜨리는 거지. 심술궂은 팥쥐를 키도 크고 덩치도 큰 내가 하면 역할을 더 잘 살릴 수 있을 거야. 후훗."

이번 국어 활동 시간에는 모둠별로 연극 하나씩을 발표하기로 했어요.

"2번 모둠은 <콩쥐 팥쥐>를 하는 거야? 작품의 중심 역할인 주인공 콩쥐 역할은 내용 전체를 이끌어 가야 하니까 연기를 잘해야 해. 오! 민수는 팥쥐 역할이 참 잘 어울리는구나! 하하하."

그나저나 4번 모둠은 각자 맡은 동물 역할의 가면을 만드느라 분주해요. 그때 콜록콜록 기침하며 마스크를 쓴 성훈이가 다가왔어요.

"내가 우리 4번 모둠의 장이라 그 역할을 잘해야 하는데…… 아파서 미안해."

"어휴, 괜찮아. 우리가 다 같이 모둠장 역할을 맡아 가면 되지. 걱정하지 말고 얼른 나아!"

이렇게 국어적 의미의 역할은 '극에 등장하는 인물을 맡는 일'을 말하고, 생활적 의미의 역할은 '책임지고 맡은 일'을 말해요.

이런 뜻이에요.

역할의 역(役)은 '일'을 뜻하고, 할(割)은 '나누다', '가르다'를 뜻해요. 두 글자를 합치면 '일을 나누다'라는 의미가 만들어져요. 국어에서 역할은 '작품에서 배우가 맡아서 하는 일'을 말한답니다. 즉 이야기에서 등장인물의 말과 행동을 나타내요. 배우들은 나눠진 일을 맡아서 하니 글자의 뜻과 꼭 맞지요?

또한 역(役)의 '꼭 해야 하는 일', '일꾼', '일을 시키다'라는 뜻과 할(割)의 '나누다', '베다'라는 뜻을 합치면 '자신이 반드시 해야 할 일을 딱딱 나눠서 하다'라는 의미가 만들어지지요? 이것은 생활에서 사용하는 역할의 의미예요. 즉 '내가 해야 할 맡은 바의 일, 마땅히 해야 하는 의무, 책임 있는 일'을 역할이라고 한답니다.

과목별

연극, 영화 등에서 맡아서 하는 일.

예문
- 나는 연극에서 할머니 역할을 맡았다.
- 그 배우는 영화에서 항상 나쁜 사람 역할을 한다.

생활 속

자신이 반드시 해야 할 일.

예문
- 우리 반은 체육 대회에서 각자 역할을 잘 해냈다.
- 아빠는 회사에서 중대한 역할을 하고 있다.

꼬리에 꼬리를 무는 국어 어휘!

역할

역할극

어떤 상황에서 누군가가 다른 사람의 역할을 대신 해 보는 것.

역할 연기

실제로 해 보지 않고 재미로 여러 가지 역할을 흉내 내며 연기하는 것.

의미 역할

문장에서 명사가 어떤 역할을 하는지 알려 주는 표시.

감초 역할

무슨 일에나 빠지지 않는 모양새.

역할 담당

좋은 말과 행동을 배우기 위해 어떤 역할을 해 보는 것.

비슷한 말을 알아봐요.

기능(機能) 어떤 구실이나 작용을 함. 기계가 일을 해내는 능력.

[국어] 의성어와 의태어의 기능은 글을 더욱 생동감 있게 해 준다는 것이다.

[생활] 세탁기가 오래돼 제 기능을 못 하고 있다.

역(役) 영화나 연극에서 배우가 맡아서 하는 일. 특별히 맡을 일.

[국어] 이 연극에서는 주인공 역으로 유명한 가수가 나온다.

[생활] 우리 반 벼룩시장에서 나는 물건을 정리하는 역을 맡았다.

BONUS 학습도구어 더하기 - 속담, 관용어, 사자성어

속 구더기 무서워 장 못 담글까

방해되는 것이 있어도 마땅히 할 역할은 해야 함.

관 손(이) 비다

할 역할이 없어서 아무 일도 하지 않고 있음.

사 임전무퇴(臨戰無退)

전쟁에 임해 물러서지 않는다는 뜻으로, 맡은 역할에서 책임감을 다하고 포기하지 않는 태도를 이름.

난이도 ★★☆☆☆

23 연결

연결 어미를 사용한 문장처럼 국어에서 '연결'은 문장과 문장을 자연스럽게 잇는 것을 말해요.

연결은 이럴 때 쓰는 말이에요.

"따라란! 문장 마법사 등장이오! 글자야, 생겨나라! 윙가르디움 레비오우사!"

선생님이 여러 가지 연결 어미가 적힌 카드를 칠판에 붙이자 아이들은 눈을 반짝였어요.

"어떠니, 아주 많지? 사실은 이것보다 더 많이 있단다. 연결 어미는 문장을 자연스럽게 연결해서 글의 흐름을 매끄럽게 만들어 줘. 이렇게 끊어짐 없이 연결되는 글은 읽는 사람을 집중시키지. 마치 마법을 부리듯이 말이야. 하지만 앞 문장과 뒤 문장의 관계에 따라 사용되는 연결 어미가 달라지니까 문장의 뜻을 잘 이해하고 연결 어미를 선택해야겠지?"

다음 시간은 체육 시간이에요. 오늘은 단체 줄넘기를 하는 날이랍니다.

"줄넘기 줄이 짧으니 여러 개 연결해서 길게 만들자. 그리고 단체 줄넘기를 할 때는 앞 친구와 연결해서 줄에 걸리지 않고 바로 들어가는 연습도 많이 해야 해!"

이렇게 국어적 의미의 연결은 '문장과 문장을 끝내지 않고 자연스럽게 잇는 것'을 말하고, 생활적 의미의 연결은 '사물과 사물, 상황과 상황이 이어지는 것'을 말해요.

이런 뜻이에요.

연결의 연(連)은 '잇닿다', '이어지다'를 뜻하고, 결(結)은 '맺다', '묶다'를 뜻해요. 두 글자를 합치면 '이어지도록 묶고 매다', '서로 이어져서 맞닿다'라는 의미가 만들어져요. 이것은 생활에서 사용하는 연결이랍니다. '사람과 사람, 사물과 사물 등 어떤 대상을 다른 대상과 서로 이어서 맺는 것'을 말해요. '일과 일, 상황과 상황이 관계를 맺는 것'도 연결이에요.

이 뜻이 국어에서는 어떻게 쓰일까요? 국어에서는 '문장과 문장이 끊어지지 않게 자연스럽게 이어지는 것'을 연결이라고 해요. 이때는 여러 종류의 연결 어미를 사용한답니다. 또한 '글의 내용이 서로 자연스럽게 이어지는 것', '이야기에서 인물끼리 서로 얽혀 있는 것' 또한 연결이라고 해요.

과목별

문장을 끝맺지 않고 다른 문장과 잇는 것.
글의 내용에서 인물끼리 서로 얽혀 있는 것.

예문
- 이 부분은 문장과 문장 사이의 연결이 자연스럽지 않다.
- 이야기에서 사건을 이해하려면 인물 간에 연결 관계를 알아야 한다.

생활 속

상황과 상황이 이어지는 것. 어떤 대상과 대상을 이음.

예문
- 산에서는 전화 연결이 잘 안될 때도 있다.
- 나는 전선을 길게 연결해서 탁상 등을 켰다.

꼬리에 꼬리를 무는 국어 어휘!

연결

감정 연결

이야기 속 여러 장면이나 말 사이에서 인물들의 마음이 서로 연결되는 것.

연결 부호

문장 부호의 하나. 줄표(——), 붙임표(-), 물결표(~)가 있어요.

대등적 연결 어미

비슷한 뜻이나 생각을 가진 두 문장을 이어 주는 말. '-고', '-(으)며', '-(으)나' 등이 있어요.

연결 어미

동사나 형용사에 붙어서 다음 말과 연결해 주는 말. '-게', '-고', '-(으)며', '-(으)면', '-(으)니', '-아/어', '-지' 등이 있어요.

보조적 연결 어미

동사나 형용사에 다른 작은 동사나 형용사를 붙여 연결하는 말. '-아/어', '-게', '-지', '-고' 등이 있어요.

종속적 연결 어미

앞 문장이 뒤 문장에 꼭 연결되도록 이어 주는 말. '봄이 오면 꽃이 핀다'에서 '-면', '겨울이 되니 날씨가 춥다'에서 '-니' 등이 있어요.

비슷한 말을 알아봐요.

관계(關係) 글이나 문장의 문법적인 부분. 인물이나 사물이 서로 관련을 맺고 있음.

[국어] 소설에서는 사건과 관계없는 인물이 등장하지 않는다.

[생활] 아빠는 일 관계로 외국에 자주 가신다.

접속(接續) 단어와 단어, 문장과 문장을 연결함.
컴퓨터의 명령을 수행하는 부분이 인터넷에 연결됨.

[국어] 글에서 문장끼리 접속하려면 알맞은 접속어를 사용해야 한다.

[생활] 정전이 돼서 인터넷 접속이 끊겼다.

BONUS 학습도구어 더하기 - 속담, 관용어, 사자성어

속 걱정도 팔자(다)

안 해도 될 걱정을 하거나 자기와 아무 연결 관계가 없는 남의 일에 참견하는 사람을 놀리듯이 말함.

관 다리(를) 놓다

일이 잘되게 하려고 둘 또는 여럿을 연결함.

사 일맥상통(一脈相通)

한 줄기의 맥락이 서로 통한다는 뜻으로, 사물이나 사람 간의 연결을 나타냄.

난이도 ★☆☆☆☆

24 의미

<홍길동전>을 통해 신분 제도를 비판한 것처럼 국어에서 '의미'는 글에 담긴 깊은 뜻이나 역사적 가치를 말해요.

의미는 이럴 때 쓰는 말이에요.

아이들이 옹기종기 모여 <홍길동전>을 읽으며 이야기를 나누고 있어요.

"얘들아! 이건 <홍길동전>이구나. 이 책은 재미만 있는 게 아니라 여러 가지 의미를 지니고 있단다. 우선 최초의 한글 소설이지. 그리고 저자인 허균은 <홍길동전>을 통해서 조선 시대의 신분 제도를 비판했다는 데 역사적으로 큰 의미가 있어. 그전에는 함부로 나라의 제도를 비판할 수 없었거든. <홍길동전>에서는 신분이나 계급과는 상관없이 나쁜 사람은 크게 혼쭐을 내 주고 있지."

그때 진수가 한숨을 푹 내쉬며 말했어요.

"선생님. 우리 학교 축구팀도 모두 홍길동과 활빈당 사람들 같았으면 전국 대회에서 우승했을 텐데 말이에요. 이번에 4등을 하는 바람에 메달도 못 따고…… 아쉬워요."

"진수야, 이 4등은 큰 의미가 있어. 축구팀이 생긴 지 2년도 안 돼서 4등이나 했잖니! 이건 우리 학교 축구팀이 앞으로 더 성장할 수 있다는 의미야! 멋지다. 우리 축구팀!"

이처럼 국어적으로 의미는 '글에 담긴 역사적 가치나 넓고 깊은 뜻'을 말하고, 생활적으로 의미는 '행동이나 현상에 담긴 뜻'을 말해요.

이런 뜻이에요.

의미의 의(意)는 '헤아리다'를 뜻하고, 미(味)는 '뜻', '의의'를 뜻해요. 두 글자를 합치면 '뜻이나 의의를 헤아리다'라는 내용이 만들어져요. '헤아리다'라는 것은 '그냥 아는 것이 아닌 좀 더 깊이 이해하는 것'을 말해요. 그래서 국어에서 의미는 '말이나 글이 담고 있는 깊은 뜻'을 가리킨답니다. 그리고 그 말과 글의 깊은 내용은 '역사적인 가치'로 확대돼 쓰이기도 해요.

또한 의(意)의 '뜻', '생각'이라는 뜻과 미(味)의 '뜻', '의의'라는 뜻을 합치면 두 글자 모두가 '뜻'을 가리키고 있음을 알 수 있지요? 이것은 생활에서 사용되는 의미로 '어떤 행동이나 일어난 일, 사물에 담긴 뜻이나 가치, 의도'를 말해요. 즉 '동생이 고개를 끄덕인다는 것은 이해했다는 의미이다', '삼일 운동의 역사적 의미는 어려운 상황에서도 국민이 단결해 자유와 독립을 찾고자 했다' 등의 문장으로 예를 들 수 있어요.

과목별

말이나 글에 담긴 깊은 뜻. 말이나 글에 담긴 역사적 가치.

예문

- 윤동주의 시는 일제 강점기 시대를 살아가는 젊은이들의 저항 정신을 나타내고 있음에 큰 의미가 있다.
- <성냥팔이 소녀>에서 소녀가 키는 성냥은 희망과 꿈을 의미한다.

생활 속

사물이나 행동에 담긴 뜻.

예문

- 이번 주말은 유기 동물을 돌보며 의미 있는 시간을 보냈다.
- 할머니께서 주신 이 시계는 나에게 큰 의미가 있는 물건이다.

꼬리에 꼬리를 무는 국어 어휘!

의미

의미 변화

단어가 그 원래 모양대로 혹은 소리를 더하거나 덜해서 그 뜻을 여러 가지로 바꾸는 일.

관계적 의미

문장에서 단어, 시제, 높임법 등의 여러 가지 관계를 나타내는 의미.

유의미

의미가 있음.

기본 의미

하나의 어휘에서 기본이 되는 것.

무의미

아무 뜻이 없음. 아무 가치나 의의가 없음.

비슷한 말을 알아봐요.

내용(內容) 말이나 글의 줄거리를 전하고자 하는 것. 그릇이나 포장 안에 든 것.

[국어] 이 책은 내용이 너무 어려워서 이해하기 힘들다.

[생활] 엄마는 택배로 받은 상자의 내용을 확인하셨다.

의의(意義) 말이나 글에 지니고 있는 뜻.
어떤 사물이나 사실, 행동, 일 등이 갖는 가치나 중요성.

[국어] 논설문의 서론에는 글의 주제와 내용의 의의를 간단히 적는다.

[생활] 이 영화는 우리나라 최초의 영화라는 데서 의의가 크다.

BONUS 학습도구어 더하기 - 속담, 관용어, 사자성어

속 말 뒤에 말이 있다

말 뒤에 겉으로 드러나지 않은 숨은 의미가 있음.

관 고개(를) (가로) 흔들다

거절의 의미로 고개를 좌우로 움직임.

사 환골탈태(換骨奪胎)

뼈대를 바꿔 끼고 태를 바꿔 쓴다는 의미로 변화를 이루는 것을 상징함.

난이도 ★☆☆☆☆

25 인물

동화 속 남매와 아빠처럼 국어에서 '인물'은 글에서 다양한 성격과 외모로 나타나 어떤 역할을 하는 사람을 말해요.

인물은 이럴 때 쓰는 말이에요.

"다 읽었니? 이 책에서는 어떤 등장인물이 나오는지 말해 볼까?"

"주인공은 누나와 남동생이에요. 아빠도 나와요. 뒷모습만 나오기는 하지만요."

"맞아. 아빠도 어쨌든 등장인물 중 한 사람이란다. 등장인물은 연극, 영화, 소설, 동화 등에 나오는 인물을 말해. 이들의 말과 행동을 통해서 작가는 자기 생각을 펼치게 되지."

인물, 사건, 배경은 이야기가 있는 작품에 반드시 있어야 해요. 만약 하나라도 빠진다면 그건 논문이나 설명문 같은 다른 종류의 글이 될 수도 있답니다.

"선생님, 지난번에 한 마을로 여행을 갔었는데 그곳은 훌륭한 인물이 많이 태어난 곳이래요. 동화라면 등장인물 중에서도 주인공 역할을 하는 사람이겠죠? 헤헤."

"에헴, 우리 학교에도 훌륭한 인물이 있잖아! 그건 바로 나 김민수! 으하하."

이렇게 국어적 의미의 인물은 '동화나 소설 등에서 다양한 성격과 외모를 가지고 이야기를 이끌어 가는 사람'을 말하고, 생활적 의미의 인물은 '생김새나 성질로 본 사람 혹은 됨됨이가 훌륭한 사람'을 말해요.

이런 뜻이에요.

인물의 인(人)은 '사람'을 뜻하고, 물(物)은 '물건', '종류'를 뜻해요. 두 글자를 합치면 '사람과 물건'이라는 의미가 만들어져요. 옛날에는 동물(動物), 식물(植物), 생물(生物)처럼 살아 있는 것들은 모두 '물(物)' 자로 표현했답니다. 그래서 국어에서 인물은 '작품에서 어떤 역할을 맡아 이야기를 이끌어 가는 사람'을 말해요.

또한 인(人)의 '사람'이라는 뜻과 물(物)의 '살피다', '헤아리다'라는 뜻을 합치면 '사람을 살피고 헤아리다'라는 의미가 만들어지지요? 이것은 '사람의 생김새나 됨됨이를 보다'라는 말이에요. 이처럼 생활에서 사용되는 인물은 '사람의 생김새, 사람의 됨됨이'를 뜻하며 '사람 그 자체'를 인물이라고도 한답니다.

과목별

동화, 소설, 희곡 등에서 어떤 역할을 하는 사람.

예문

- 이 소설에 등장하는 인물은 단 한 사람이다.
- 이번 연극 공연에는 새로운 등장인물이 나온다.

생활 속

뛰어나고 훌륭한 사람. 사람 그 자체.

예문

- 매달 지정하는 '이달의 인물'로 안중근 의사가 선정됐다.
- 이 영화는 전혀 다른 삶을 산 두 인물에 관한 영화이다.

꼬리에 꼬리를 무는 국어 어휘!

인물

등장인물

연극, 영화, 소설 등에 나오는 인물.

중심인물

어떤 사건의 중심이 되는 인물.

작중 인물

작품에 나오는 인물.

가공인물

실제로는 존재하지 않는 상상이나 거짓으로 꾸며 낸 인물.

보조적 인물

작품에 등장하는 인물 중 하나. 작품의 주인공이 아닌 인물.

비슷한 말을 알아봐요.

역(役) 작품에서 배우가 맡아서 하는 구실. 특별히 맡은 일.

[국어] 이 소설의 아버지 역은 김철수 배우가 연기하면 좋을 것 같다.

[생활] 나는 동아리에서 신입생을 상담하는 역을 맡기로 했다.

역할(役割) 작품에서 배우가 극에 등장하는 인물을 맡는 일.
자신이 해야 할 맡은 바의 일.

[국어] 나는 이번 연극에서 눈사람 역할을 맡았다.

[생활] 할아버지는 우리나라 과학 기술의 발전에 중요한 역할을 하신 분이다.

BONUS 학습도구어 더하기 - 속담, 관용어, 사자성어

속 개구리 올챙이 적 생각 못 한다

성공한 인물이 자신의 지난날을 잊고 처음부터 잘났다는 듯이 뽐내는 겸손하지 못한 모습을 이름.

관 용을 낳다

훌륭한 인물을 낳음.

난이도 ★☆☆☆☆

26 자유

이상 시인의 시처럼 국어에서 '자유'는 일정한 형식에서 벗어난 것을 말해요.

자유는 이럴 때 쓰는 말이에요.

"엥? 이게 시가 맞아? 좀 이상해 보이기도 해."

아이들은 교과서 속 시를 보며 모두 의아한 얼굴이 됐어요.

"시가 좀 신기하지? 띄어쓰기도 안 돼 있고 내용도 알쏭달쏭할 거야. 이상 시인의 작품이란다. 자유시인데 자유시는 정해진 형식이 없어. 운율도 자유롭고 주제나 표현법도 매우 자유로워. 그리고 대부분 시가 가지고 있는 행도 없어서 참 특이하지."

"선생님, 그러면 자유시는 띄어쓰기도 안 하고 행도 없는 시를 말해요?"

"하하하. 그건 아니야. 이건 이상 시인만의 독특한 표현법이란다."

딩동댕동! 수업 시간을 마치는 종이 울렸어요.

"야호! 선생님, 다음 시간은 자유 시간이죠? 드디어 자유의 몸이 되는구나!"

"어휴, 최민수는 못 말려. 자유의 몸은 무슨……."

"어허, 왜 이래. 표현의 자유를 막으면 안 되지! 헤헤헤."

이렇게 국어적 의미의 자유는 '정해진 틀이나 일정한 형식을 따르지 않는 것'을 말하고, 생활적 의미의 자유는 '행동에 제약이 없이 마음 내키는 대로 행동하는 것'을 말해요.

이런 뜻이에요.

자유의 자(自)는 '스스로'를 뜻하고, 유(由)는 '비롯되다'를 뜻해요. 두 글자를 합치면 '스스로에게서 비롯되다'라는 의미가 만들어져요. '비롯되다'라는 것은 '처음으로 시작되다'라는 뜻이에요. 즉 내가 처음이니 하고 싶은 대로 할 수 있다는 것이지요. 이것은 생활에서 쓰이는 자유를 말해요. 정리해 보면 '무엇에도 얽매이지 않고 행동의 제약 없이 자기 뜻대로 마음대로 행동하는 것'을 뜻한답니다.

그렇다면 국어에서는 어떻게 쓰일까요? 자유의 기본 의미처럼 '작가가 하고 싶은 대로 창작하다'라는 의미예요. '정해진 형식이나 규칙이 없다'라는 뜻이지요. 특히 시의 경우, 전통적으로 정해진 형식이 많아요. 자유시는 규칙적인 운율도 없고 표현법이나 내용 또한 작가의 의도대로 흘러가는 것이 특징이에요. 그래서 국어에서 자유는 '정해진 틀에서 벗어난 것'을 말한답니다.

과목별

정해진 형식이 없음.

예문

- 자유시는 형식, 규칙, 운율에 얽매이지 않는 시이다.
- 시는 형태에 따라 자유시, 산문시, 정형시로 나뉜다.

생활 속

얽매이는 것이 없음. 제약이 없이 마음대로 행동함.

예문

- 그 일을 하고 안 하고는 내 자유니까 간섭하지 마.
- 옷이 편하니까 행동도 훨씬 자유롭다.

꼬리에 꼬리를 무는 국어 어휘!

자유

자유시
정해진 규칙이나 모양 없이 내가 하고 싶은 이야기를 마음껏 쓰는 시.

자유의사
남의 눈치 안 보고 내 마음대로 하는 생각.

자유정신
하고 싶은 대로 살고 싶다는 생각.

자유자재
거침없이 자기 마음대로 함.

자유화
어떤 규칙이나 묶여 있던 것에서 벗어나 자유롭게 되는 것.

부자유
어떤 것 때문에 몸과 마음이 자유롭지 못하고 묶여 있는 것.

자유분방
정해진 규칙이나 남들의 시선에 얽매이지 않고 자기 마음대로 행동하는 것.

비슷한 말을 알아봐요.

무형식(無形式) 갖춰진 일정한 형식이 없음.

[국어] 무형식 문학인 수필은 자기 생각을 편안하게 쓴 글이다.

[생활] 요즘은 정해진 교육 틀에서 벗어난 무형식 학습을 선호하고 있다.

비정형(非定型) 일정한 형태나 형식이 정해지지 않음.

[국어] 일기, 편지, 독후감, 자서전 등은 비정형 문학이다.

[생활] 비정형의 곡선 모양인 저 빌딩은 마치 예술 작품처럼 보인다.

BONUS 학습도구어 더하기 - 속담, 관용어, 사자성어

속 나는 새도 떨어뜨린다

사회적 힘이 대단해 모든 일을 마음대로 자유롭게 할 수 있음.

관 기(를) 펴다

억눌린 어려운 상황에서 벗어나 마음을 자유롭게 가짐.

사 광풍제월(光風霽月)

맑게 부는 바람과 밝은 달이라는 뜻으로, 아무런 방해도 없이 자유롭게 나아감.

난이도 ★★☆☆☆

27 장면

동화 내용에 대해 이야기를 나눈 것처럼 국어에서 '장면'은 작품에서 등장인물에게 일어난 일을 말해요.

장면은 이럴 때 쓰는 말이에요.

"으허헝. 장면이 너무 슬퍼. 족제비 엄마가 자식처럼 키운 승냥이를 구하려다 결국 나쁜 승냥이들의 손에 죽었어. 훌쩍훌쩍."

"아, 이 책 나도 읽었지. 그 장면이 제일 슬프면서 감동적이야."

민호와 수민이는 같은 책의 한 장면에 관해 이야기하고 있었어요.

"아이고, 여기는 왜 눈물바다니? 아하! 이 동화는 선생님도 우리 반 아이들에게 읽어 주다가 울었단다. 민호는 오늘 동화 그리기 활동에 이 장면을 그리면 되겠구나."

오늘은 지금까지 읽은 동화 중에서 가장 기억에 남는 한 장면을 글이나 그림으로 나타내 보는 활동을 할 거예요. 모두 좋아하는 동화를 생각하느라 교실 안은 조용해졌답니다.

국어 활동이 끝나고 드디어 기다리던 쉬는 시간, 교실 한쪽이 웃음소리로 시끌벅적해졌어요.

"어떻게 이런 장면이 찍혔을까! 우연히 발견한 장면이지만 빛의 속도로 카메라를 켰지!"

"와! 새끼 오리들이 엄마 오리를 한 줄로 졸졸 따라가는 장면이 정말 귀엽고 신기해!"

이렇게 국어적 의미의 장면은 '작품에서 등장인물에게 벌어진 상황'을 말하고, 생활적 의미의 장면은 '어떤 장소에서 일어난 일'을 말해요.

이런 뜻이에요.

장면의 장(場)은 '무대', '장소'를 뜻하고, 면(面)은 '모습'을 뜻해요. 두 글자를 합치면 '무대의 모습', '어떤 장소의 모습'이라는 의미가 만들어져요. 이것은 국어에서 말하는 장면으로 '작품의 내용에서 특정한 한 상황'을 뜻한답니다. 즉 '어떤 공간에서 등장인물에게 일어난 일'을 말해요. <토끼와 거북이>에서 거북이가 이기는 그 부분을 떠올려 보세요. 그것이 바로 장면이랍니다.

또한 장(場)의 '장소'라는 뜻과 면(面)의 '모양', '모습'이라는 뜻을 합치면 '장소의 모습, 모양'이라는 의미가 만들어지지요? 즉 '어떤 장소에서 일이 벌어진 모습'을 말해요. 이것이 바로 생활에서 사용되는 장면이랍니다.

과목별

작품에서 벌어지는 일.

예문

- 내가 읽고 있는 동화의 이 장면은 언제 봐도 무섭다.
- 관객들은 주인공이 엄마와 만나는 장면에서 함께 눈물을 흘렸다.

생활 속

어떤 장소에서 일어난 일.

예문

- 노을이 지는 장면이 참 아름답다.
- 길을 가던 사람이 그 장면을 보고 경찰에 신고했다.

꼬리에 꼬리를 무는 국어 어휘!

장면

장면 전환

장면이 바뀜.

명장면

영화나 연극의 아주 훌륭한 장면.

장면 도피

일이 잘 안되거나 욕구가 막힐 때 그 상황에서 도망치려는 것.

장면 조직

장면을 주제에 맞게 이어 주거나 자연스럽게 연결하는 일.

삽입 장면

시나리오에서 이야기 중간에 잠깐 나오는 장면으로, 주인공의 성격을 보여 주거나 앞으로의 이야기를 암시하는 중요한 부분.

비슷한 말을 알아봐요.

상황(狀況) 일이 돼 가는 상태나 형편.

[국어] 글을 읽을 때는 벌어지는 상황을 머릿속으로 그리며 읽어야 이해가 쉽다.

[생활] 라디오에서 명절 고속 도로 상황을 알려 주고 있다.

광경(光景) 벌어진 일의 상태나 형편.

[국어] 글에서 '회화적 이미지'란 머릿속으로 그림 같은 광경이 펼쳐지듯 표현하는 것을 말한다.

[생활] 창밖으로 눈이 내리는 광경이 정말 아름답다.

BONUS 학습도구어 더하기 - 속담, 관용어, 사자성어

속 **물 퍼런 것도 잘 보면 여러 가지라**

겉보기엔 비슷해 보이는 장면도 자세히 따져 보면 모두 다름.

관 **눈 뜨고 볼 수 없다**

눈앞에 펼쳐진 장면이 끔찍하거나 민망하고 아니꼬워서 보기 힘듦.

사 **일촉즉발(一觸卽發)**

한 번 자극하면 바로 터질 만큼 긴장되고 위험한 장면을 표현함.

난이도 ★★☆☆☆

28 접속

접속사나 접속 조사를 사용한 문장처럼 국어에서 '접속'은 문장과 문장을 잘 잇는 것을 말해요.

접속은 이럴 때 쓰는 말이에요.

"엥? 선생님 문장이 이상해요. 접속어가 잘못 쓰였어요!"

"하하하. 맞아. 접속어와 접속 조사가 잘못 쓰인 문장이지? 글을 쓸 때는 문장끼리의 접속에 무리가 없어야 자연스러운 글이 된단다. 그래서 접속어와 접속 조사가 중요한 거야."

접속어는 '그리고', '그러면', '그러나'와 같이 단어와 단어, 구절과 구절, 문장과 문장을 이어 주는 구실을 하는 문장 성분이랍니다. 접속 조사는 '와', '과', '하고' 등으로 둘 이상의 단어나 문장을 이어 주는 구실을 해요.

"그럼 지금부터 접속어 퀴즈를 한번 해 보자. 선생님이 화면에 문제를 띄워 볼게. 어디 보자, 어? 갑자기 인터넷에 접속이 안 되는구나. 접속이 끊겼나 보네. 얘들아, 잠시만 기다려 봐. 아! 이제 됐다. 자, 지금부터 시작!"

이렇게 국어적 의미의 접속은 '문장과 문장을 자연스럽게 연결하는 것'을 말하고, 생활적 의미의 접속은 '컴퓨터 프로그램이 인터넷에 연결되는 것'을 말해요.

이런 뜻이에요.

접속의 접(接)은 '잇다', '접하다'를 뜻하고, 속(續)은 '잇다', '서로 이어져 맞닿다'를 뜻해요. 두 글자를 합치면 '무엇인가를 잇거나 연결하다'라는 의미가 만들어져요. 이처럼 국어에서는 '문장과 문장, 단어와 단어, 구절과 구절 등을 자연스럽게 잇는 것'을 접속이라고 한답니다. 이때는 접속어나 접속 조사 등을 사용해서 자연스러운 연결을 만들어요.

또한 접(接)의 '잇다', '접하다'라는 뜻과 속(續)의 '이어지다'라는 뜻을 합치면 '서로 이어서 접하게 하다'라는 의미가 만들어지지요? 이는 생활에서 쓰이는 접속으로 '단순하게 서로 맞대어 있는 것'을 말해요. 그리고 '컴퓨터에서 명령을 수행하는 부분이 여러 가지 프로그램에 연결되는 것'을 가리킬 때도 사용한답니다. 통신망을 통해 인터넷에 연결됐을 때 '접속됐다'라고 하는 것처럼 말이에요.

과목별

단어와 단어, 구절과 구절, 문장과 문장을 연결함.

예문

- '및', '그리고'와 같은 접속어는 단어나 문장을 나열할 때 사용한다.
- '또는'이나 '아니면'을 사용해 문장을 서로 접속시킬 수 있다.

생활 속

컴퓨터의 명령을 수행하는 부분이 인터넷에 연결됨.

예문

- 인터넷에 접속해서 메일을 보냈다.
- 나는 학교 홈페이지에 접속해서 공지 사항을 확인했다.

꼬리에 꼬리를 무는 국어 어휘!

접속

접속법

문장을 '-고', '-(으)니', '-어' 등으로 이어 말하는 것.

접속사

앞말과 뒷말을 이어 주며 꾸며 주는 부사. '그러나', '그런데', '그리고', '하지만' 등이 있어요.

접속 조사

둘 이상의 단어나 문장을 같은 자격으로 이어 주는 조사. '와', '과', '하고', '(이)나', '(이)랑' 등이 있어요.

접속어

단어, 구절, 문장을 이어 주는 역할을 하는 말. 주로 접속 부사가 이 역할을 해요.

접속형

어간에 붙어 다음 말을 이어 주는 어미. '-게', '-고', '-(으)며', '-(으)면', '-(으)니', '-아/어', '-지' 등이 있어요.

비슷한 말을 알아봐요.

관계(關係) 서로 연결돼 얽혀 있음.

[국어] 서로 반대되는 관계의 문장을 이으려면 '그러나', '그런데', '하지만' 등의 접속어를 사용한다.

[생활] 비가 오는 관계로 오늘 체육 대회는 내일로 미뤄졌다.

연결(連結) 서로 이어서 맺음. 관계를 맺게 함.

[국어] 이 부분은 문장과 문장 사이의 연결이 어색하다.

[생활] 우리 몸의 핏줄은 모두 연결돼 있다.

BONUS 학습도구어 더하기 - 속담, 관용어, 사자성어

속 거미 줄 따르듯

밀접한 관계가 있어서 서로 늘 접속돼 떨어지지 않고 따라다님.

관 하나로 잇닿아 있다

서로가 떼려야 뗄 수 없이 접속돼 있음.

사 동문서답(東問西答)

동쪽에서 물으면 서쪽에서 대답한다는 뜻으로, 질문과 답이 제대로 접속되지 않음.

난이도 ★★☆☆☆

29 종류

설명문, 논설문, 시가 내용에 따라 나눠진 것처럼 국어에서 '종류'는 어떤 기준으로 글을 나눈 갈래를 말해요.

종류는 이럴 때 쓰는 말이에요.

"일기, 독후감, 설명문, 논설문, 시, 소설, 희곡. 이 많은 것들을 내가 다 소화해 내다니! 이만하면 노벨 문학상을 꿈꿔도 되지 않을까?"

"노벨 문학상을 수상할 작가님! 작가님이 쓰신 글의 종류는 어떻게 나누신 건가요?"

"앗! 선생님. 히히. 흠, 글의 종류는 글의 내용으로 나뉘는 거 아니에요?"

"그것도 맞아. 기준에 따라 다양하게 나뉘지만 보통은 내용, 목적, 형식을 기준으로 나눠."

수업이 끝나고 선생님은 아이들 앞에 커다란 상자를 내려놓았어요.

"와! 선생님, 가게에 있는 모든 종류의 과자를 다 쓸어 담아 오신 거예요?"

"하하하. 그동안 열심히 공부하고 서로 사이좋게 지낸 너희를 위한 선물이란다!"

이렇게 국어적 의미의 종류는 '특징별로 글을 나누는 것'을 말하고, 생활적 의미의 종류는 '일정한 특징에 따라 나뉘어진 사물의 갈래'를 말해요.

이런 뜻이에요.

종류의 종(種)은 '씨'를 뜻하고, 류(類)는 '무리'를 뜻해요. 이 세상에는 많은 식물이 있는 만큼 '씨'도 매우 많고 다양해요. 그래서 종(種)은 '다양성'과 관련이 있답니다. 그래서 두 글자를 합치면 '다양한 무리'라는 의미가 만들어져요. 그렇다면 어떻게 나뉘어서 무리 지어졌을까요? '일정한 특징'에 따라 나눠졌어요. 이렇게 '일정한 특징에 따라 사물을 나누는 갈래가 이뤄진 것'을 생활에서 종류라고 한답니다.

그렇다면 국어에서 종류란 무엇일까요? 먼 옛날부터 지금까지 셀 수 없이 많은 글이 남아 있어요. 그 '다양하고 많은 글을 내용, 목적, 형식 등의 일정한 기준으로 나누는 것'을 바로 국어에서 종류라고 해요.

과목별

일정한 기준을 바탕으로 나눈 글.

예문

- 글의 종류 중 상상하는 글은 동화나 소설을 말한다.
- 서사문 종류의 글은 줄거리를 가지고 있어서 '이야기글'이라고도 한다.

생활 속

기준에 따라 나눈 사물의 갈래.

예문

- 이 책상은 나무와 철제, 두 종류로 만들었다.
- 바다에는 수많은 종류의 동식물이 살고 있다.

꼬리에 꼬리를 무는 국어 어휘!

종류

서술 종류

글쓴이가 주제를 잘 전달하려고 글을 짜는 방법.

다종류

여러 종류.

종류별

종류마다 다르게 구분함.

종류물

비슷한 특징을 가진 같은 종류 중 하나지만 딱히 정해진 것은 아닌 것.

비슷한 말을 알아봐요.

갈래 하나에서 둘 이상으로 갈라져 나간 부분.

[국어] 문학 작품에서 소설, 동화, 희곡은 서사 갈래이며 시는 서정 갈래이다.

[생활] 여기서부터 강이 세 갈래로 갈라져 흐른다.

유형(類型) 공통되는 성질이나 특징을 가진 것들을 묶은 하나의 틀.

[국어] 고전 소설의 유형은 영웅 소설, 우화 소설, 사회 소설, 애정 소설 등으로 나뉜다.

[생활] 생물은 크게 동물과 식물 두 유형으로 나뉜다.

BONUS 학습도구어 더하기 - 속담, 관용어, 사자성어

속 떡이 별 떡 있지 사람은 별사람 없다

떡은 갖가지 종류로 많지만 사람은 모두 비슷함.

속 마른 말은 꼬리가 길다

마르고 여위면 같은 종류의 것이라도 더 길어 보임.

관 씨가 마르다

어떤 종류의 것이 모조리 없어짐.

난이도 ★★★☆☆

30 주관

'두근거린다', '신난다', '세상에서 제일 맛있다'처럼 국어에서 '주관'은 글에서 자신의 느낌을 드러내는 것을 말해요.

주관은 이럴 때 쓰는 말이에요.

"자, 지원이가 쓴 앞의 글과 성훈이가 쓴 뒤에 글은 무엇이 다를까?"

"지원이 글은 생각과 느낌이 많이 들어간 반면에 성훈이 글은 사실 그대로라 정보를 주고 있어요."

"맞아. 여름 방학을 주제로 한 글인데 지원이 글은 주관적이고 성훈이 글은 객관적이지?"

"주관적인 글은 하고 싶은 대로 표현하고 쓰고 싶은 대로 자유롭게 쓸 수 있겠어요."

그때 진우의 말에 지수가 눈을 흘기며 말했어요.

"그래서 급식에 나온 떡볶이가 뭐가 맵냐고 날 놀린 거야? 네 주관대로 말이야."

"하긴 다들 맵다고 하더라. 내 주관적인 생각일 뿐이었는데 놀려서 미안해. 히히."

이렇게 국어적 의미의 주관은 '글에서 나의 감정, 생각이 많이 드러나는 것'을 말하고, 생활적 의미의 주관은 '나만 가진 생각, 나의 의견'을 말해요.

이런 뜻이에요.

주관의 주(主)는 '자신'을 뜻하고, 관(觀)은 '드러내 보이다'를 뜻해요. 두 글자를 합치면 '나 자신을 드러내 보이다'라는 의미가 만들어져요. 자신의 생각을 드러내는 것처럼요. 이것은 국어에서 사용되는 주관으로 '글에서 내가 가지고 있는 생각, 의견, 감정 등을 충분히 드러내는 것'을 말한답니다.

또한 주(主)의 '자신'이라는 뜻과 관(觀)의 '나타내다'라는 뜻을 합치면 '자신을 나타내다'라는 의미가 만들어지지요? '자신을 나타낸다'라는 것은 '남을 따라 하는 것이 아닌, 나만이 가지고 있는 것'으로 자신을 나타내야만 하며 그렇기 때문에 '나의 의견, 나만 가진 생각, 내가 사물을 생각하는 방식' 등이 필요해요. 이것이 생활에서 사용하는 주관이랍니다.

과목별

글에서 내 생각, 감정, 의견을 드러내는 것.

예문

- 주관적인 글에서 중요한 것은 창의적인 생각이다.
- 설명문에는 주관적인 생각을 나타내면 안 된다.

생활 속

자기만의 의견 또는 나만의 생각.

예문

- 형은 미래에 대한 주관이 뚜렷했다.
- 무조건 남의 말에 따르지 말고 네 주관대로 행동해!

꼬리에 꼬리를 무는 국어 어휘!

주관

주관시

개인의 감정이나 마음을 주관적으로 표현한 시.

주관화

객관적인 일을 자기 일처럼 생각하고 처리하는 것.

주관적

자기 생각을 바탕으로 하는 것.

주관주의

인식이나 판단의 기준이 자기만의 견해나 관점에 있다고 보는 사상.

주관 비평

작품을 객관적 기준 대신 자기 느낌이나 경험으로 평가하는 비평.

비슷한 말을 알아봐요.

견해(見解) 어떤 사물이나 상황에 대한 자기의 주장이나 생각.

[국어] 설명문의 맺음말에는 전문가의 견해를 넣기도 한다.

[생활] 나는 친구와 견해 차이로 싸우고 말았다.

주장(主張) 자기 의견을 굳게 내세움.

[국어] 주장하는 글인 논설문은 독자를 설득할 목적으로 쓴다.

[생활] 내 동생은 자기주장만 하는 고집쟁이이다.

BONUS 학습도구어 더하기 - 속담, 관용어, 사자성어

속 개구리 삼킨 뱀의 배

보기와는 달리 꼿꼿하고 주관이 뚜렷함.

관 뱃심(이) 좋다

두려움이 없이 제 주관대로 함.

사 불요불굴(不撓不屈)

흔들리지 않고 끝까지 자기 주관을 지킴.

난이도 ★★☆☆☆

31 주제

<엄마야 누나야> 시가 가족의 사랑을 말하는 것처럼 국어에서 '주제'는 작가가 작품을 통해 전달하려는 중심 생각을 말해요.

주제는 이럴 때 쓰는 말이에요.

"대화의 주제가 뭐길래 아주 심각한 얼굴들을 하고 있구나."

"무서운 이야기 중이에요. 비가 오면 이런 주제의 이야기가 제일 재미있다니까요. 흐흐."

"그렇다면 무서운 이야기로 떨리는 마음을 선생님이 평화롭게 만들어 줄게. 여기 이 시는 김소월 시인의 <엄마야 누나야> 시인데 주제가 뭘까?"

"음, 가족과 행복하게 살고 싶어 하는 마음이 보이는 것 같아요."

"맞아. 이 시는 평화로운 자연에서 가족과 함께 행복하게 생활하기를 바라는 마음을 주제로 담고 있단다. 김소월 시인은 일제 강점기에 활동한 시인이야. 이 시는 불안정한 시대 안에서 따뜻한 가정과 평화로운 나라를 바라는 마음을 주제로 삼고 있지."

그때 늘 과학에 관심이 많은 지혁이가 말했어요.

"선생님, 저는 지난 주말에 과학 전시회에 다녀왔어요. 어린이들이 생활 속에서 찾을 수 있는 과학 현상이 주제였는데 정말 흥미롭고 신기한 볼거리가 많아서 시간 가는 줄 몰랐어요. 히히."

이렇게 국어적 의미의 주제는 '작가가 작품을 통해 나타내고자 하는 중심 생각'을 말하고 생활적 의미의 주제는 '대화나 연구 등에서 중심이 되는 생각'을 말해요.

이런 뜻이에요.

주제의 주(主)는 '임금', '주인', '우두머리'라는 뜻이 있고, 제(題)는 '글을 쓰다'의 뜻이 있어요. 두 글자를 합치면 '글을 쓰는 데 가장 중요시되는 것'이라는 의미가 만들어져요. 이는 국어에서 사용하는 주제란 뜻이에요. 즉 주제는 '글쓴이가 글을 통해서 나타내려는 가장 중심이 되는 생각'을 말해요.

또한 주(主)의 '주체'라는 뜻과 제(題)의 '제목', '문제'라는 뜻을 합치면 '중요한 제목, 문제'라는 의미가 만들어지지요? 이것이 바로 생활에서 사용하는 주제랍니다. '대화나 토의, 연구 등에서 중심이 되는 문제'를 가리켜요. 또한 국어에서의 주제와 비슷하게 '미술, 음악, 무용, 노래 등의 창의적인 작품에 나타나는 작가의 중심 생각'을 말할 때도 주제를 사용한답니다.

과목별

작품에서 가장 중심이 되는 생각. 가장 중요한 내용.

예 문

- 이 소설의 주제는 전쟁의 아픔이지만 어둡지만은 않은 내용이었다.
- 전래 동화는 주로 착한 사람은 복을 받고 나쁜 사람은 벌을 받는 주제가 있다.

생활 속

대화나 연구에서 중심이 되는 문제. 창의적인 작품의 중심 생각.

예 문

- 선생님은 어려운 주제를 우리가 이해하기 쉽게 설명해 주셨다.
- 대중가요에는 사랑을 주제로 한 곡이 많다.

꼬리에 꼬리를 무는 국어 어휘!

주제

주제어

말이나 글에서 주제를 담거나 전체 내용을 나타내는 중심 단어.

주제문

글에서 중심이 되는 내용을 담은 문장.

주제 소설

분위기보다 하나의 사상이나 주장을 중심으로 쓴 소설.

일원적 이주제

두 이야기를 섞어 하나의 작품으로 만드는 것.

담화 주제

여러 문장으로 이뤄진 글에서 중심이 되는 문장.

비슷한 말을 알아봐요.

소재(素材) 글의 내용과 바탕이 되는 재료. 어떤 것을 만드는 데 기초가 되는 것.

[국어] 그 시인의 시는 대부분 자연을 소재로 삼고 있다.

[생활] 삼촌은 전자 부품의 소재를 개발하는 회사에 다닌다.

재료(材料) 글이나 연구 등의 소재나 대상. 물건을 만들 때 바탕으로 사용하는 것.

[국어] 나는 지방 곳곳을 돌아다니며 역사 소설을 쓰기 위한 재료를 수집했다.

[생활] 남은 음식 재료는 냉장고에 넣어 뒀다.

BONUS 학습도구어 더하기 - 속담, 관용어, 사자성어

속 호랑이 굴에 가야 호랑이 새끼를 잡는다

어떤 목표나 주제를 이루기 위해서는 위험이나 어려움을 감수해야 함.

관 말(을) 삼키다

주제나 상황을 다룰 때 신중하게 말을 하거나 과하게 반응하지 않도록 조심해야 함.

사 주지육림(酒池肉林)

술로 연못을 만들고 고기로 숲을 만든다는 뜻으로, 주제에서 벗어난 지나치게 호화롭고 쾌락에 빠진 잔치를 이름.

난이도 ★★☆☆☆

32 지시

희곡에서 배우의 행동을 정하는 지시문처럼 국어에서 '지시'는 글에서 어떤 것을 알려 주고 가리키는 것을 말해요.

지시는 이럴 때 쓰는 말이에요.

며칠 뒤 있을 학예제 연극 공연 연습으로 교실 안은 시끌벅적했어요.

"민호가 자라 역할이지? 지시문대로 해 볼래? 대본의 괄호 안에 있는 글이 지시문이란다."

"아, 여기구나. 크고 들뜬 목소리로 토끼님이 맞소?"

와하하하! 괄호 안의 지시문을 그대로 읽은 민호 때문에 교실 안은 웃음바다가 됐어요.

"하하하. 지시문은 그대로 읽는 게 아니라 지시문에 맞게 행동하라는 뜻이야."

지시문은 '등장인물의 몸짓이나 표정, 말투, 무대 효과, 조명 등을 정하고 설명하는 부분'이랍니다.

연극 연습이 끝나고 하교 시간이 되자 아이들은 선생님의 지시에 따라 뒷정리를 하고 집으로 돌아갈 준비를 했어요.

"얘들아, 학교에서 내려온 지시 사항이 있단다. 독감이 유행이니 가능한 마스크를 쓰고 외출하라는 지시 사항이구나. 교실에서도 기침이나 콧물이 나오면 마스크를 꼭 착용하자."

이렇게 국어적 의미의 지시는 '글 안에서 어떤 일을 하도록 정해 주는 것'을 말하고, 생활적 의미의 지시는 '어떤 일을 하도록 시키는 것'을 말해요.

이런 뜻이에요.

지시의 지(指)는 '가리키다'를 뜻하고, 시(示)는 '알리다', '일러 주다'를 뜻해요. 두 글자를 합치면 '무엇인가를 가리키면서 알려 주고 일러 주다'라는 의미가 만들어져요. 이처럼 지시는 국어에서 '어떤 것을 알려 주거나 앞에 나온 사물, 사람, 장소 등을 다시 가리키는 것'을 말해요. 이때 '이', '그', '저'와 같은 지시어를 사용한답니다. 작품에서 '배경, 조명, 인물의 행동이나 표정, 심리 등을 설명하고 가리키는 문장'은 지시문이라고 해요.

또한 지(指)의 '가리켜 보이다'라는 뜻과 시(示)의 '알리다', '일러 주다'라는 뜻을 합치면 '가리켜 보이며 일러 주다', '가리켜서 알려 주다'라는 의미가 만들어지지요? 이는 생활에서 사용하는 지시로 '어떻게 해야 하는지 해야 할 행동이나 일을 말해 주는 것'을 말한답니다.

과목별

글에서 어떤 것을 알려 주거나 가리킴.

예문

- 글에서 사람을 가리키는 지시어는 '그'를 많이 사용한다.
- 희곡에서 지시문은 대사와 다르게 '~다'로 끝나는 평서형을 쓴다.

생활 속

어떤 일을 하게끔 시킴.

예문

- 약은 반드시 약사의 지시에 따라 복용해야 한다.
- 선수들은 감독의 지시에 따라 움직였다.

꼬리에 꼬리를 무는 국어 어휘!

지시

지시문

지시 내용을 적은 문서.

지시 관형사

특정 대상을 가리키는 관형사(주어 앞에 와서 내용을 자세히 꾸며 주는 말). '이', '저', '그', '다른' 등이 있어요.

지시어

문장에서 주로 어떤 말을 가리킬 때 쓰이는 말.

지시 형용사

사물의 성질, 시간, 수량 등이 어떤지를 나타내는 형용사. '그러하다', '어떠하다' 등이 있어요.

지시 대명사

사물이나 장소를 대신 가리키는 대명사. '그', '이것', '어디', '무엇'이 있어요.

지시 부사

장소나 시간, 앞의 내용을 가리키는 부사. '이리', '그리', '내일', '오늘' 등이 있어요.

비슷한 말을 알아봐요.

명령(命令) 무엇을 하도록 시킴.

[국어] 명령문은 상대방에게 무엇을 시키거나 요구하는 문장이다.

[생활] 군대는 윗사람의 명령을 최우선으로 하는 집단이다.

지정(指定) 가리켜 확실하게 정함.

[국어] 정형시는 지정된 시의 형식을 따라야 하고 자유시와 반대된다.

[생활] 비행기에서는 반드시 지정된 좌석에 앉아야 한다.

BONUS 학습도구어 더하기 - 속담, 관용어, 사자성어

속 상좌가 많으면 가마솥을 깨뜨린다

윗사람이 저마다 지시를 하면 무쇠 가마조차도 깨뜨리고 만다는 뜻으로, 여러 사람이 저마다 지시하고 간섭하면 도리어 일을 그르침.

관 등을 떠밀다

하기 싫어하는 일을 억지로 하게끔 지시하거나 부추김.

사 복명복창(復命復唱)

윗사람이 내린 명령이나 지시를 되풀이해 말함.

흑백
여기저기
돌다리
꽃집
가위바위보
첫사랑

4장

ㅊ~ㅎ으로 시작하는 학습도구어

차례 | 특징 | 파생 | 표현

합성 | 해석 | 해설 | 형태

난이도 ★★☆☆☆

33 차례

<이솝 우화>를 시간 순서로 배열하는 것처럼 국어에서 '차례'는 이야기에서 일이 일어난 순서를 말해요.

차례는 이럴 때 쓰는 말이에요.

"얘들아, 이건 <이솝 우화>인데 사건을 일이 일어난 차례대로 맞춰 볼래?"

이야기에서 차례는 이야기의 흐름을 말해요. 이야기를 더 잘 이해하기 위해서는 일이 일어난 순서를 알아야 한답니다. 아이들은 카드를 옮겨 일이 일어난 차례를 맞추기 시작했어요.

"4번, 1번, 2번, 3번이에요!"

"잘했어. 차례를 잘 파악하려면 시간의 흐름을 살펴야 한단다. '며칠 전', '어제', '오늘', '다음 날'처럼 시간을 나타내는 말을 주의 깊게 보면서 그때 일어난 사건을 함께 보는 거야."

딩동댕. 점심시간을 알리는 종이 울렸어요. 배가 너무 고픈 준우는 헐레벌떡 뛰어나갔어요.

"준우야, 네가 아무리 빨리 가도 급식실은 번호 순서대로 차례차례 들어가잖아.

"휴, 내가 성이 '강 씨'면 내 차례가 1번이었을 텐데! 난 왜 '하준우'인 거야!"

이렇게 국어적 의미의 차례는 '동화, 소설, 희곡 등에서 사건이 일어난 순서'를 말하고, 생활적 의미의 차례는 '순서를 구분해서 벌여 나가는 것'을 말해요.

이런 뜻이에요.

차례의 차(次)는 '다음', '둘째', '횟수'를 뜻하고, 례(例)는 '규칙', '경우'를 뜻해요. 두 글자를 합치면 '둘째의 규칙', '다음의 규칙'이라는 의미가 만들어져요. 즉 차례는 '첫째, 둘째, 셋째로 순서 있게 구분해서 벌여 나가는 관계'를 말해요. 이것이 바로 생활에서 쓰이는 차례랍니다. 두 글자를 다르게 합치면 '일이 일어나는 경우의 횟수'라는 의미도 만들어져요. 이것은 차례의 또 다른 뜻으로 '일이 일어나는 횟수를 세는 단위'를 가리킨답니다.

그렇다면 국어에서 차례가 어떻게 쓰이는지 볼까요? 차례는 '작품에서 이야기가 순서 있게 배치되는 것', '사건이 일어난 순서'를 말해요. 시간적, 공간적인 개념이 모두 들어가 있지요. '다음 날 나는 일찍 눈이 떠졌다', '집에서 나와 역으로 이동했다'처럼 말이에요. 또한 '책 앞쪽에 내용이 어떤 순서로 적혀 있는지 하나하나 적어 놓은 것'도 차례라고 한답니다. 다른 말로 '목차'라고 해요.

과목별

이야기에서 사건이 일어난 순서. 내용의 순서를 적은 것.

예문

- 일이 일어난 차례를 알아야 소설의 전체적인 줄거리를 파악할 수 있다.
- 책의 차례만 봐도 어떤 내용인지 짐작할 수 있다.

생활 속

순서 있게 구분해 벌여 나감. 일이 일어나는 횟수.

예문

- 갈대숲에서 새들이 차례대로 날아올랐다.
- 오늘만 해도 몇 차례나 소나기가 내렸다.

꼬리에 꼬리를 무는 국어 어휘!

차례

차례셈씨

순서를 나타내는 말. 첫째, 둘째, 셋째, 제일, 제이, 제삼 등이 있어요.

차례잇기

문장을 논리적으로 잘 이어 주는 방법. '그리고', '그래서', '그러니', '그러므로' 같은 말을 사용해요.

돌림차례

일정한 순서로 돌아가는 차례.

수차례

여러 차례.

차례차례

차례를 따라 순서대로.

비슷한 말을 알아봐요.

과정(過程) 일이나 상태가 돼 가는 경로.

[국어] 영웅 소설에서는 주인공이 고난을 겪는 과정이 반드시 나온다.

[생활] 드디어 1학기 과정이 끝나고 여름 방학이 시작됐다.

순서(順序) 정해진 기준으로 먼저와 나중을 나누는 것. 일이 일어나는 차례.

[국어] 한글에서 낱말은 자음 다음에 모음이 나오는 순서이다.

[생활] 드디어 내가 발표할 순서가 됐다.

BONUS 학습도구어 더하기 - 속담, 관용어, 사자성어

속 찬물도 위아래가 있다

무엇에나 순서가 있으니 그 차례를 따라야 함.

관 셈(에) 들다

어떤 차례나 범위 안에 있음.

사 구사일생(九死一生)

아홉 번 죽을 뻔하다 한 번 살아난다는 뜻으로, 죽을 고비를 여러 차례 넘기고 겨우 살아남.

난이도 ★★★☆☆

34 특징

글마다 형식이 다른 것처럼 국어에서 '특징'은 그 갈래의 글만이 가지는 특별한 부분을 말해요.

특징은 이럴 때 쓰는 말이에요.

"하하하. 수호의 일기는 참 재미있구나. 수호 일기의 특징은 평범한 일도 흥미롭게 쓴다는 거야."

"히히히. 우리 집 강아지인 까망이 이야기를 보셨나 봐요."

"까망이 이야기는 언제 봐도 재미있어. 얘들아, 일기는 주변에서 일어나는 사소한 일을 소재로 가볍게 쓴 글이니까 수필에 속해. 그렇다면 수필의 특징은 뭘까?"

윤서가 곰곰이 생각하더니 말했어요.

"형식이 없다는 게 특징 같아요. 시나 설명문, 소설 이런 글들은 형식이 있잖아요."

"그렇지. 주어진 틀이나 일정한 형식이 없는 것이 수필의 가장 큰 특징이란다. 평범한 일상생활에서부터 사회적인 문제, 예술 등 무엇이든 주제로 삼을 수 있지."

"선생님, 저도 수호처럼 강아지를 키워요. 미루는 다른 강아지와 다른 특징이 있는데 다리가 짧고 귀가 펄럭거리는 게 특징이에요. 그래서 총총대면서 돌아다니면 정말 귀여워요."

"와! 사랑스러운 눈으로 봐 주는 현우가 있어서 미루는 정말 행복하겠구나!"

이렇게 국어적 의미의 특징은 '특정 갈래의 글만이 가지는 특별한 형식이나 독특한 내용'을 말하고, 생활적 의미의 특징은 '다른 것과 구별되는 매우 특별한 부분'을 말해요.

이런 뜻이에요.

특징의 특(特)은 '특별하다', '뛰어나다', '다르다'를 뜻하고, 징(徵)은 '부르다', '모으다', '구하다'를 뜻해요. 두 글자를 합치면 '특별하거나 뛰어난 것을 구하거나 모으다', '다른 것을 부르다'라는 의미가 만들어져요. 그래서 국어에서 특징은 '그 글만이 가진 독특하고 특별한 표현, 형식, 개성 있는 문체' 등을 말한답니다. '다른 작품에 비해 특별히 눈에 띄고 독특하게 구별되는 부분'을 뜻하지요. 여러 갈래의 글 속에서 그 갈래의 글이 가지는 '고유의 형식', '주로 다루는 내용' 등을 나타낼 때도 특징을 사용해요.

또한 특(特)의 '특별하다'라는 뜻과 징(徵)의 '구하다'라는 뜻을 합치면 '특별한 것을 구하다'라는 의미가 만들어지지요? 이것이 생활에서 쓰이는 특징이에요. 특히 생활에서는 사물, 사람, 동물, 현상 등 모든 것에 적용해 특징을 사용할 수 있어요. 즉 '다른 것과 구별돼 나타나는 특별한 어떤 것, 매우 뚜렷하게 드러나 보이는 부분'을 말할 때 특징을 사용한답니다.

과목별

그 글만이 가진 독특한 점. 그 갈래의 글이 가진 특별한 형식이나 내용.

예문

- 이 추리 소설의 특징은 범인을 밝히고 시작한다는 것이다.
- 시는 나타내고자 하는 것을 운율이 있는 언어로 표현하는 것이 특징이다.

생활 속

다른 것과 구별돼 나타나는 특히 두드러진 부분.

예문

- 이 피자는 김치가 토핑으로 올라간 것이 특징이다.
- 그 작가의 그림은 화려한 색채로 사람의 마음을 표현한 것이 특징이다.

꼬리에 꼬리를 무는 국어 어휘!

특징

운율적 특징

소리의 길이, 세기, 높이로 나타나는 말소리의 특징.

특징적

다른 것보다 더 눈에 띔.

특징화

다른 것보다 더 눈에 띄게 됨. 또는 그렇게 만듦.

문체 특징

글을 읽을 때 문체에서 느껴지는 특별한 느낌이나 가치.

표현상 특징

문학 작품마다 다른 특별한 표현 방식.

비슷한 말을 알아봐요.

개성(個性) 한 개인이 가지는 고유한 취향이나 특성. 각 개체 고유의 특성.

[국어] 소설의 문장에는 작가의 개성이 그대로 드러난다.

[생활] 형의 개성 있는 옷차림은 멀리서도 눈에 띌 정도이다.

성격(性格) 어떤 사물이나 현상이 자체로 지닌 성질. 각 개인이 지닌 성질이나 품성.

[국어] 이 소설은 첫 문장이 소설의 성격을 정확하게 표현하고 있다.

[생활] 언니는 조용하고 다정한 성격이라 함께 있으면 마음이 편하다.

BONUS 학습도구어 더하기 - 속담, 관용어, 사자성어

속 가랑비에 옷 젖는 줄 모른다

사소한 일들이 반복되면 결국 큰 결과를 낳는다는 뜻으로, 작은 변화나 특징이 점차 쌓여 큰 영향을 미침.

관 그렇고 그렇다

중요하게 여길 만한 일이 아님. 눈에 띄는 특징이 없음.

사 천편일률(千篇一律)

천 가지 글이 한 가지 기준이라는 뜻으로, 모든 것이 특징 없이 다 똑같음.

난이도 ★★★☆☆

35 파생

꾸러기에 잠, 심술, 장난 등이 붙으면 새로운 단어가 되는 것처럼 국어에서 '파생'은 단어와 단어가 만나 새로운 말이 만들어지는 일을 말해요.

파생은 이럴 때 쓰는 말이에요.

"얘들아, 여길 보렴. 지금 적은 건 파생어들이란다. 혼자서는 쓰이지 못하고 항상 어근의 앞과 뒤에만 붙어 쓰이는 걸 '접사'라고 해. 여기서 '어근'은 단어의 중심과 기본이 되는 말이란다. 어근에 접사가 붙어 만들어진 파생어인 '헛수고'를 볼까? 어근인 '수고'에 붙은 '헛-'은 혼자서 쓰이지는 못하지만 '보람 없는'이라는 뜻이 있어. 그래서 '헛수고'는 아무 보람이 없는 수고를 말해. 이처럼 각각의 뜻을 합치면 단어의 뜻이 나오니까 낱말이 어떻게 쪼개지는지 생각해 보면 파생어의 뜻도 짐작할 수 있지."

"선생님! 그러고 보니 '헛-'도 '-꾸러기'도 혼자서는 하나의 단어로 쓰이지 못해요."

파생어는 실제 뜻을 가진 '어근'에 혼자 쓰일 수 없는 '접사'를 합쳐서 만든 낱말이에요. 선생님의 설명을 들은 후 아이들은 생활 속 파생어를 찾아보기 시작했어요.

"선생님, 이 활동은 많은 문제를 파생시키고 있어요. 아이들이 칠판에 파생어를 보고 나서는 저보고 우리 반 3대 꾸러기라며 장난치잖아요. 잠꾸러기, 장난꾸러기, 말썽꾸러기요!"

이렇게 국어적 의미의 파생은 '한 단어를 기본으로 다른 단어가 생기는 것'을 말하고, 생활적 의미의 파생은 '근본이 되는 일에서 어떤 문제나 일이 생겨나는 것'을 말해요.

이런 뜻이에요.

파생의 파(派)는 '갈래', '갈라지다', '나누다'를 뜻하고, 생(生)은 '생기다', '나오다'를 뜻해요. 두 글자를 합치면 '갈라져서 생긴 것', '나뉘어져서 나온 것'이라는 의미가 만들어져요. 정리하자면 생활에서 쓰이는 파생은 '사물이나 현상이 근원적인 것에서부터 생겨나는 것', '맨 처음 시작되는 것에서 갈라져 나와 생긴 것'을 말해요.

그렇다면 국어에서는 파생이 어떻게 쓰일까요? 국어에서 파생이란 '한 단어에서 여러 단어가 갈라져 나오는 것'을 말해요. 즉 '뜻을 가진 말에 다른 말이 붙거나 빠지면서 새로운 말이 만들어지는 과정'을 파생이라고 한답니다.

과목별

실제 뜻을 가진 부분에서 갈라져 나가 새로운 단어가 만들어짐.

예문

- 접사가 생략돼 만들어진 파생어는 '뭉치다'에서 '뭉치', '신다'에서 '신' 등이 있다.
- 동사에서 파생한 파생 명사는 '넓이', '밝기', '듣기' 등이 있다.

생활 속

사물이나 현상이 근원적인 것에서부터 생겨남.

예문

- 우리 민족은 공통의 조상에서 파생된 한민족이다.
- AI의 발전과 함께 이 사회에 파생될 문제점을 소홀히 해서는 안 된다.

꼬리에 꼬리를 무는 국어 어휘!

파생

파생어

실질 형태소(실제로 뜻을 가지고 있어 혼자 쓰일 수 있는 낱말의 기본이 되는 말)에 접사가 붙어서 하나의 단어가 된 말. 명사 '부채'에 접미사 '-질'이 붙은 '부채질' 등이 있어요.

파생법

실질 형태소에 접사를 붙여 파생어를 만드는 방법.

파생 문헌

한 개 이상의 문헌을 고쳐 다시 만든 책이나 글. 번역해서 만든 2차 문헌.

파생 접사

접두사, 접미사 등 접사를 모두 이르는 말.

내적 변화 파생법

소리가 바뀌면서 새 단어가 만들어지는 것. '파릇파릇'이 '푸릇푸릇'이 되거나 '감감하다'가 '캄캄하다'가 되는 것이 있어요.

비슷한 말을 알아봐요.

발생(發生) 어떤 일이나 사물이 생김.

[국어] 접미사 '하다'를 명사에 붙이면 동사를 발생시킨다.

[생활] 기상청에서는 태풍의 발생을 미리 관측해서 알려 준다.

형성(形成) 어떤 모양을 만듦.

[국어] 어근을 두 개 이상 합치면 새로운 단어가 형성된다.

[생활] 원자들을 결합하면 분자가 형성된다.

BONUS 학습도구어 더하기 - 속담, 관용어, 사자성어

속 오이 덩굴에 오이 열리고 가지 나무에 가지 열린다

모든 일은 각각의 근본에서 파생된 결과가 나옴.

관 가지(를) 치다

하나의 근본에서 여러 가지 파생되는 것이 생김.

사 인과응보(因果應報)

모든 일에는 원인과 결과가 있으며 어떤 행동에는 반드시 파생된 결과를 가져옴.

난이도 ★☆☆☆☆

36 표현

의인법을 사용한 문장처럼 국어에서 '표현'은 글이나 문장으로 사실을 더 실감 나거나 아름답게 나타내는 것을 말해요.

표현은 이럴 때 쓰는 말이에요.

"선생님, 저 벚꽃 좀 보세요. 가지마다 봄 햇살이 내려앉은 듯 꽃이 폈어요. 사람들이 꽃을 보며 행복함을 느끼기를 바라는 벚나무의 마음인가 봐요."

"지원아, 너는 참 표현력이 좋아. 마치 시인 같구나."

그때 현서가 고개를 절레절레 흔들었어요.

"에이, 말도 안 돼요. 무슨 벚나무가 마음이 있어요? 꽃이 피는 건 그냥 자연의 이치라고요."

"하하하. 현서야. 지원이는 문학적인 표현을 쓴 것이란다. 문학적 표현은 문법상 틀리거나 과학적이지 않은 것도 작품 내에서는 모두 허용하는 것을 말해. 작가는 제 생각이나 감정을 효과적으로 전달하기 위해 다양한 표현법을 사용한단다. 자, 오늘은 여기까지만 수업할까? 너희도 얼른 운동장에 나가 놀고 싶지?"

"야호! 선생님에 대한 고마움을 노래로 표현해 볼게요. ♬우리 선생님, 사랑하는 선생님~♩♪"

"표현 방법이 아주 마음에 드는구나. 현서의 노래를 들으며 국어 수업 끝!"

이렇게 국어적 의미의 표현은 '작품이나 글로 마음을 독특하거나 아름답게 나타내는 것'을 말하고, 생활적 의미의 표현은 '내 생각을 말이나 행동으로 드러내는 것'을 말해요.

이런 뜻이에요.

표현의 표(表)는 '겉', '나타내다', '드러내다'를 뜻하고, 현(現)은 '나타나다', '드러내다', '실제로 존재함'을 뜻해요. 두 글자를 합치면 '겉으로 나타내고 드러내다', '실제로 존재하는 것을 드러내다'라는 의미가 만들어져요. 그래서 국어에서 표현은 '제 생각, 느낌을 작품이나 글로 드러내 보이고 나타내는 것'을 말한답니다. 이때는 작품 속에 실생활에서 사용하지 않거나 과학적이지 않은 현상을 글에 녹여 내기도 해요. 그리고 '글을 더 구체적이고 실감 나게 만들기 위해 사용하는 문학 기법'도 표현이라고 한답니다.

또한 표(表)의 '겉', '바깥', '나타내다', '드러내다'라는 뜻과 현(現)의 '나타나다', '드러내다'라는 뜻을 합치면 '나타내고 드러나게 하다'라는 의미가 만들어지지요? 이것은 생활에서 사용하는 표현이에요. 즉 '내 생각이나 감정을 말이나 행동 등 눈에 보이는 것으로 드러내어 나타내는 것'을 말한답니다.

과목별

작가의 마음, 생각, 느낌을 나타냄.
어떤 것에 무언가를 빗대어 나타내는 문학적 기술과 방법.

예문
- 시인은 자연의 아름다움을 시로 표현했다.
- 이 동화에서는 등장인물을 동물에 빗대어 표현하고 있다.

생활 속

생각이나 감정을 눈에 보이는 것으로 드러냄.

예문
- 동생의 선물에 표현할 수 없는 감동을 느꼈다.
- 그 친구는 수화로 의사 표현을 했다.

꼬리에 꼬리를 무는 국어 어휘!

표현

표현 형식
대상을 자세히 설명하는 글의 형식.

자기표현
자기의 생각이나 생활을 겉으로 드러내 보임.

표현력
생각이나 느낌을 말이나 글로 나타내는 힘이나 재주.

표현 문체
말이나 글에서 문장이 가진 특별한 특징이나 그 특징을 정리한 것.

표현 문체론
글을 더 멋지고 효과적으로 표현하는 방법을 공부하는 학문.

비슷한 말을 알아봐요.

묘사(描寫) 어떤 사물이나 현상 등을 있는 그대로 언어나 그림을 그려서 나타냄.

[국어] 이 동화책은 주인공과 친구들의 성격 묘사가 재미있다.

[생활] 지민이는 친구들의 얼굴을 동물로 묘사했다.

서술(敍述) 사건이나 생각을 차례대로 말하거나 적음.

[국어] 기행문은 여행한 과정, 여행 중의 생각과 느낌 등을 서술한 글이다.

[생활] 어제 있었던 일을 모두 서술하자니 입이 아플 지경이다.

BONUS 학습도구어 더하기 - 속담, 관용어, 사자성어

속 말이란 아 해 다르고 어 해 다르다

말이란 같은 내용이라도 표현하는 데 따라서 아주 다르게 들림.

관 숨도 제대로[크게] 못 쉬다

생각이나 감정을 자유롭게 표현하지 못함.

사 감언이설(甘言利說)

달콤한 말과 이로운 말이라는 뜻으로, 남의 비위를 맞추기 위해 거짓이나 유혹적인 표현을 강조함.

난이도 ★★☆☆☆

37 합성

꽃집, 첫사랑처럼 국어에서 '합성'은 어근과 어근이 만나 새로운 단어를 만드는 것을 말해요.

합성은 이럴 때 쓰는 말이에요.

"응? '꽃집', '첫사랑'……? 저게 뭐지? 아! 선생님이 첫사랑과 만난 장소 아니에요? 첫사랑과 돌다리에서 가위바위보 하셨나 봐요. 흐흐흐."

"뭐? 하하하. 역시 은호는 상상력이 정말 좋아. 이 단어들은 합성어란다. 둘 이상의 어근으로 이뤄진 단어를 말하지. 어근은 단어에서 실질적인 뜻을 지닌 부분이야. 여기 적힌 단어들을 보자. '돌다리'는 돌과 다리로, '꽃집'은 꽃과 집으로, '앞뒤'는 앞과 뒤로 나눌 수 있지? 이런 단어를 합성어라고 한단다. 즉 둘 이상의 실질 형태소(실제로 뜻을 가지고 있어 혼자 쓰일 수 있는 낱말의 기본이 되는 말)가 합쳐져 하나의 단어가 된 말이지."

쉬는 시간이 되자 교실이 시끌시끌해졌어요. 아이들이 키우는 강낭콩에 꽃이 피었거든요.

"와! 요 며칠 비만 내리는 바람에 광합성을 제대로 못 해서인지 비실비실했었잖아. 그런데 이렇게 예쁜 꽃을 피우다니! 이제 강낭콩도 열리겠지? 힘내라! 강낭콩아!"

이렇게 국어적 의미의 합성은 '어근과 어근을 합쳐 단어를 만든 것'을 말하고, 생활적 의미의 합성은 물과 해가 섞여 식물이 광합성을 한 것처럼 '두 가지 이상의 것이 합쳐져서 새로운 것을 만들어 내는 것'을 말해요.

이런 뜻이에요.

합성의 합(合)은 '합하다', '모으다'를 뜻하고, 성(成)은 '이루다', '갖춰지다'를 뜻해요. 두 글자를 합치면 '합해 이루다'라는 의미가 만들어져요. 무엇을 합해 이루는 걸까요? 국어에서는 어근을 합해 단어를 만든답니다. '뜻을 가진 어근이 만나는 것'을 합성이라고 하고 '합성으로 만들어진 말'을 합성어라고 해요.

또한 합(合)의 '맞다', '적합하다'라는 뜻과 성(成)의 '이뤄지다', '완성되다'라는 뜻을 합치면 '모아서 완성하다'라는 의미가 만들어지지요? 이는 생활적 의미의 합성이에요. '둘 이상의 것을 모아서 새로운 하나를 만들어 내는 것'을 말한답니다. 두 개의 사진을 합해서 새로운 사진을 만들거나 두 가지 소리로 새로운 소리를 만들고 햇빛과 엽록소로 광합성 작용을 하는 것처럼 말이에요.

과목별

의미가 있는 어근이 만나 단어를 만듦.

예문

- 합성어는 두 어근을 띄어 쓰지 않도록 주의해야 한다.
- 복합어 중 합성어는 어근과 어근, 파생어는 어근과 접사가 만나 만들어진다.

생활 속

여러 가지를 합쳐 어떤 것을 만듦.

예문

- 요즘에는 AI로 목소리를 합성하기도 한다.
- 이 포도 주스에는 합성 포도 향이 들어가 있다.

꼬리에 꼬리를 무는 국어 어휘!

합성

합성 동사

둘 이상의 동사가 합쳐진 단어. '본받다', '앞서다', '가로막다' 등이 있어요.

합성 수사

두 개 이상의 어근이 합쳐진 수사. '열넷', '대여섯' 등이 있어요.

합성 명사

둘 이상의 명사가 합쳐진 단어. '논밭', '눈물', '새해' 등이 있어요.

합성 대명사

둘 이상의 말이 합쳐진 대명사. '이이', '그이', '저이' 등이 있어요.

합성 형용사

둘 이상의 형용사가 합쳐진 단어. '손쉽다', '깎아지르다', '붉디붉다' 등이 있어요.

비슷한 말을 알아봐요.

복합(複合) 둘 이상이 합쳐지거나 둘 이상을 합쳐서 하나로 만듦.

[국어] 복합어는 '김밥', '햇밤'처럼 글자를 쪼갤 수 있는 낱말이다.

[생활] 이 영양제는 여러 가지 비타민이 복합돼 있다.

조합(照合) 여럿을 모아 한 덩어리가 되게 함.

[국어] 단어를 조합할 때는 띄어쓰기에 따라 뜻이 달라지기도 한다.

[생활] 도자기는 물과 흙의 조합으로 만들어진다.

BONUS 학습도구어 더하기 - 속담, 관용어, 사자성어

속 손이 많으면 일도 쉽다

여러 사람이 같이 힘을 합성하면 쉽게 목적을 이룰 수 있음.

속 쇠뿔도 단김에 빼랬다[빼라]

어떤 일을 할 때는 결단력과 동시에 여러 요소를 합성해 빠르게 진행해야 성공함.

관 손에 손(을) 잡다

어떤 일을 이루기 위해 서로 힘을 합성함.

난이도 ★★★☆☆

38 해석

<토끼와 거북이>에서 거북이는 부지런한 사람을 나타내는 것처럼 국어에서 '해석'은 글 안에 담긴 깊은 뜻을 알아채는 일을 말해요.

해석은 이럴 때 쓰는 말이에요.

"선생님, 저 어제 엄마한테 혼났는데 이유를 모르겠어요. 분명히 엄마가 '게임 실~컷 해라'라고 하셔서 게임을 신나게 했거든요. 그런데 공부 안 한다고 혼났다니까요?"

"진호가 엄마 말을 잘못 해석했구나. 상대의 표정이나 말투, 전에 했던 대화 등을 살펴서 말의 뜻을 해석해야 해. 어제 어머니 말씀은 '이제 그만하고 공부 좀 하렴'이었을 것 같구나."

"네? 아니, 이럴 수가! 초능력자처럼 마음도 읽어야 하다니!"

"하하하. 그리고 글에서도 해석이 필요하기도 하지. 예를 들어 <토끼와 거북이>의 거북이는 묵묵히 부지런하게 자기 일을 열심히 하는 사람이 성공한다는 이야기로 해석할 수 있어."

아하! 고개를 끄덕이는 아이들을 보며 선생님이 미소 지었어요.

"선생님, 머지않아 인공 지능 AI가 말이나 글의 속뜻까지 해석할 날이 오지 않을까요? AI가 고대 문자나 기록, 사라진 글자까지 해석할 수 있다는 뉴스를 봤거든요. 정말 신기해요."

이렇게 국어적 의미의 해석은 '말과 글에서 겉으로 드러나지 않는 의미를 이해하는 것'을 말하고, 생활적 의미의 해석은 '어려운 사실이나 이론을 이해하기 쉽도록 풀이하는 것'이나 '외국어를 우리말로 옮기는 것'을 말해요.

이런 뜻이에요.

해석의 해(解)는 '풀이하다', '설명하다'를 뜻하고, 석(釋)은 '풀다', '설명하다'를 뜻해요. 두 글자 모두 '풀이하고 설명하다'라는 뜻이 있지요? 국어에서 해석은 '표현한 말이나 문장을 풀어서 그 안에 담긴 속뜻이나 의미를 알아차리는 것'을 뜻한답니다. 즉 '글, 문장, 말에서 내용 안에 담긴 의미를 이해하는 것'을 말해요.

그러면 이 뜻이 생활에서는 어떻게 쓰일까요? '풀이하고 설명하다'라는 것은 '모르는 사실이나 잘 알지 못하는 것을 이해하기 쉽게 풀이하고 설명하는 일'을 뜻해요. 그래서 생활에서 해석은 '실험 결과나 고대 문자 등 학문적으로 이해하기 어려운 사실 등을 알기 쉽도록 밝히는 것'을 말한답니다. 또한 '외국어를 우리나라 말로 옮기고 풀이하는 것'도 생활적 의미의 해석이에요.

과목별

글이나 문장의 속뜻을 이해함.

예문

- 이 시에서 청포도는 평화로운 세계로 해석해야 한다.
- 최근에는 전래 동화를 현대적인 관점으로 재해석하고 있다.

생활 속

학문적으로 어려운 사실을 이해할 수 있도록 풀이함.
외국어를 우리나라 말로 풀이함.

예문

- 로제타석(1799년 나폴레옹 군이 로제타 마을에서 발견한 비석)의 해석은 고대 이집트어 연구의 시작점이 됐다.
- 삼촌은 영어로 된 동화를 해석해 주셨다.

꼬리에 꼬리를 무는 국어 어휘!

해석

해석 신화학

신화가 왜 만들어졌는지 이유를 밝히는 학문.

재해석

오래된 옛것을 새로운 시선으로 다시 해석함.

해석 비평

문학 작품을 여러 가지 시각에서 여러 관점으로 올바르게 해석하려는 평가 방법.

해석 지도

각각의 방언(사투리)이 사용되는 지역을 표시한 지도.

해석 글

문장이나 사물로 적힌 내용을 이해하고 설명한 글.

비슷한 말을 알아봐요.

뜻 말이나 글, 행동이 나타내는 내용. 무엇을 이루고 싶어 하는 마음.

[국어] 이 작가의 글은 너무 어려워서 뜻을 이해하기 어렵다.

[생활] 형은 그림을 계속 그리겠다는 뜻을 굽히지 않았다.

해설(解說) 내용이나 의미 등을 알기 쉽게 풀어서 설명함.

[국어] 이 단편 소설집은 소설마다 해설을 함께 실어서 독자들의 이해를 돕는다.

[생활] 뉴스 진행자는 사건을 보도하고 그에 따른 해설도 함께 말한다.

BONUS 학습도구어 더하기 - 속담, 관용어, 사자성어

속 열 길 물속은 알아도 한 길 사람의 속은 모른다

사람의 마음을 해석하기는 어려움.

속 코에 걸면 코걸이 귀에 걸면 귀걸이

어떤 사실이 보는 처지에 따라 이렇게도 해석될 수 있고 저렇게도 해석될 수 있음.

관 알다가도 모르다

어떤 일의 의미를 제대로 해석할 수 없어서 이해하려 해도 이해할 수 없음.

난이도 ★★★★☆

39 해설

희곡의 등장인물, 때, 곳처럼
국어에서 '해설'은 연극 무대의 기본적인
내용을 적은 것을 가리켜요.

해설은 이럴 때 쓰는 말이에요.

오늘은 연극 대본인 희곡을 공부하는 날이에요. 희곡은 연기를 하기 위해 쓰는 문학 작품으로, 다른 문학 작품과 다르게 대사를 통해 줄거리가 전개된답니다.

"우선 희곡의 시작 부분에서 때와 곳, 나오는 인물, 무대 장치나 배경을 설명해야 해. 그게 바로 해설이야. 막이 오르기 전 무대와 기본적인 내용을 먼저 밝히지."

— 할아버지와 사탕 —
나오는 사람: 성민, 소연, 할아버지
때: 토요일 오후
곳: 아파트 놀이터
(아이들 떠드는 소리와 웃음소리) 아파트 놀이터.
학교에서 돌아오는 성민이 뒤로 소연이가 뛰어온다. 놀이터 구석 벤치에 할아버지가 앉아 있다.

"해설이 때와 곳, 인물을 알려 주고 있지? 해설은 배우들의 연기를 위해서 꼭 필요해."

수업이 끝나고 쉬는 시간이 되자 지민이는 들뜬 얼굴로 아이들에게 말했어요.

"어제 쇼트트랙 경기 봤어? 해설자가 우리나라 선수의 역전 장면을 해설하는 부분이 너무 감동적이었어."

이렇게 국어적 의미의 해설은 '희곡에서 등장인물, 때, 곳 등을 구체적으로 설명하는 것'을 말하고, 생활적 의미의 해설은 '알기 쉽게 풀어 설명하는 것'을 말해요.

이런 뜻이에요.

해설의 해(解)는 '풀다'를 뜻하고, 설(說)은 '말하다'를 뜻해요. 두 글자를 합치면 '풀어서 말하다'라는 의미가 만들어져요. 이것이 바로 생활에서 사용되는 해설이에요. '모르는 문제를 알기 쉽게 설명해 주고 운동 경기를 볼 때 경기 내용을 알려 주는 것'을 말해요.

그렇다면 국어에서 해설은 무엇을 말할까요? 국어에서 해설이란 '작품이나 작가에 관해 독자들에게 더 자세히 알려 주는 것'을 말해요. '작품의 시대적 배경, 작가의 가치관 등을 말이나 글로 알려 주는 것'을 뜻하지요. 그중 희곡에서 해설이 굉장히 중요하게 쓰인답니다. 연극의 등장인물을 소개하거나 때와 장소, 무대 장치에 관해 설명을 해 주거든요. 이는 글의 이해를 돕기도 하고 연극을 보기 전 관객들로 하여금 내용의 이해를 돕기도 해요.

과목별

글의 내용이나 작가에 대해 이해하기 쉽도록 알려 줌.

예문

- 이 시집에는 작가와 작가의 작품에 대한 해설이 함께 실려 있다.
- 선생님은 어려운 책의 내용을 알기 쉽게 해설해 주셨다.

생활 속

어떤 대상이나 상황을 설명함.

예문

- 전시회에서는 화가가 직접 자기 그림을 해설해 주고 있었다.
- 이 경기의 해설자는 지난 올림픽에서 금메달을 딴 선수이다.

꼬리에 꼬리를 무는 국어 어휘!

해설

해설문

문제, 사건, 상황 등을 알기 쉽게 설명한 글.

해설집

문제, 사건, 상황 등을 알기 쉽게 설명한 내용을 엮은 책.

해설판

전시관, 역사관, 박물관 등에서 전시물의 내용을 설명해 써 붙인 판.

해설 기사

문제, 사건, 내용 등을 알기 쉽게 풀어서 설명해 놓은 신문 기사.

해설자

문제, 사건, 상황 등을 알기 쉽게 설명해 주는 사람.

비슷한 말을 알아봐요.

설명(說明) 어떤 일이나 사물, 상황의 내용을 상대편이 잘 알 수 있도록 밝혀 말함.

[국어] 설명문은 '설명 대상이 어떠하다'라는 중심 생각이 주제이다.

[생활] 친구의 설명만으로는 부족해서 선생님께 여쭤봤다.

소개(紹介) 잘 알고 있지 못하거나 알려지지 않은 것을 설명해 알려 줌.

[국어] 소개하는 글에는 소개하는 대상의 특징이 잘 드러나야 한다.

[생활] 나와 지원이는 우리 학교를 소개하는 영상을 찍었다.

BONUS 학습도구어 더하기 - 속담, 관용어, 사자성어

속 말 귀에 염불

아무리 자세히 해설해 주어도 알아듣지 못함.

속 열 번 듣는 것이 한 번 보는 것만 못하다

열 번 해설해 주는 것보다 직접 보게 하는 것이 더욱 확실하게 기억에 남음.

관 다시 말하면

앞에서 말한 것을 다시 자세히 풀어서 해설해 줌.

난이도 ★★☆☆☆

40 형태

'끝이'를 발음한 '끄치'처럼 국어에서 '형태'는 말이나 단어의 모양을 말해요.

형태는 이럴 때 쓰는 말이에요.

"얘들아, 이 문장들을 볼래? 모두 '끝'이라는 말을 넣고 만든 문장이야. 발음되는 형태가 다르지? 그러면 글로 옮겨 적을 때는 어떤 형태로 적어야 할까? 민호가 나와서 적어 보자."

【끝이 났다. 끝나면 같이 가자. 끝에서부터 자르면 돼.】

"잘했어. 너희도 이미 다 알고 있을 거야. 이렇게 써야 뜻이 분명해지지? 방금 본 것처럼 단어는 말로 하면 상황에 따라 형태가 달라지기도 해. 그래서 헷갈리지 않게 대표 형태를 정했지. 그것을 형태소라고 해."

형태소는 가장 작은 말의 단위라서 형태소를 나누면 뜻이 파괴돼 버린답니다. '하늘'을 '하'와 '늘'로 나누면 안 되고 '푸르다'를 '푸'와 '르'와 '다'로 나누면 안 되는 것처럼 말이에요.

쉬는 시간이 됐어요. 지우는 지원이의 옷 형태가 신기하다며 만지작거렸어요.

"신기하지? 할머니가 뜨개질로 만드신 옷인데 어떻게 이런 나비 형태를 만드신 걸까?"

이렇게 국어적 의미의 형태는 '단어의 구성 모양'을 말하고, 생활적 의미의 형태는 '사물의 생김새'를 말해요.

이런 뜻이에요.

형태의 형(形)은 '모양', '꼴'을 뜻하고, 태(態)는 '모습', '모양'을 뜻해요. 두 글자를 합치면 '어떤 것의 모양'이라는 의미가 만들어지지요? 이것이 바로 생활에서 사용하는 형태예요. '사물의 생김새나 모양'을 말한답니다.

국어에서 형태는 두 가지 의미가 있어요. 먼저 작품에서의 형태는 '글의 구조나 형식, 전체를 이루고 있는 모양'을 뜻해요. 시나 시조의 형태, 소설의 형태를 나타내지요. 문장에서의 형태는 '말이나 단어의 소리 및 모양'을 뜻해요. 예를 들어 '먹었다'를 말로 할 때 나오는 소리의 모양은 [머걷따]가 되지요? 이때 '먹었다'는 단어의 형태이며 [머걷따]는 말이나 소리의 형태가 된답니다.

과목별

문학이 가진 일정한 형식. 말과 단어의 모양새.

예문

- 입으로 전해 내려온 구비 문학은 고정된 형태가 없어서 지역마다 조금씩 다르게 전해지기도 한다.
- 문법을 나타내는 문법 형태소는 다른 말과 결합해서 쓰이는 의존 형태소이다.

생활 속

어떤 대상이 가진 모양.

예문

- 나는 바닷가에서 비슷하게 생긴 형태의 돌을 모았다.
- 이 가구는 형태가 특이해서 눈에 띈다.

꼬리에 꼬리를 무는 국어 어휘!

형태

실질 형태소

구체적인 대상, 동작, 상태처럼 실제 의미를 가진 말의 부분. '수미는 학교에 갔다'에서 '수미', '학교', '갔-'을 말해요.

형태 모사

동물, 인물의 동작을 재미있게 흉내 내는 일.

이형태

한 형태소가 주변 말에 따라 소리가 바뀌는 경우, 그렇게 바뀐 여러 모양. 주격 조사인 '이'와 '가', 목적격 조사인 '을'과 '를'을 말해요.

자립 형태소

다른 말에 기대지 않고 혼자서 쓸 수 있는 말. '수미는 학교에 갔다'에서 '수미', '학교'를 말해요.

특이 형태소

특정한 말에만 붙을 수 있는 말. '오솔길'에서 '길'과만 결합되는 '오솔'을 말해요.

비슷한 말을 알아봐요.

구성(構成) 문학 작품에서 여러 사건을 통일감 있게 서술하는 일.
몇 가지 부분을 모아서 일정한 전체를 이룸.

[국어] 이 글은 처음부터 끝까지 긴박한 구성을 놓지 않는다.

[생활] 나는 춤을 좋아하는 친구들로 구성된 동아리를 만들었다.

형식(形式) 글에서 정해진 규칙. 겉으로 나타나는 모양.

[국어] 시조는 보통 초장, 중장, 종장의 형식을 따른다.

[생활] 학생들은 학교 축제에서 갖가지 형식으로 장기자랑을 했다.

BONUS 학습도구어 더하기 - 속담, 관용어, 사자성어

속 가재는 게 편

형태나 형편이 비슷한 것끼리 서로 잘 어울리고 이해하며 감싸 줌.

속 겉 다르고 속 다르다

겉으로 드러난 형태와 마음속의 품고 있는 생각이 서로 다름.

관 가면(을) 쓰다

자신의 본모습은 숨기고 다른 형태로 위장함.

옥효진 선생님의

국어가 탄탄해지는 학습도구어

글 옥효진
그림 이상일

1판 1쇄 인쇄 2025년 11월 28일
1판 1쇄 발행 2025년 12월 17일

펴낸이 김영곤
TF팀 김종민 양선희
기획 및 편집 북케어(전하연) **디자인** 표지 design S 본문 정유정
마케팅 정성은 김지선
영업팀 정지은 한충희 남정한 장철용 강경남 황성진 김도연 이민재
제작팀 이영민 권경민

펴낸곳 ㈜북이십일 아울북
출판등록 2000년 5월 6일 제406-2003-061호
주소 (우 10881) 경기도 파주시 회동길 201(문발동)
연락처 031-955-2100(대표) 031-955-2421(팩스)
홈페이지 www.book21.com

ISBN 979-11-7357-670-6 74700
ISBN 979-11-7357-668-3 74700 (세트)

- 제조자명 : (주)북이십일
- 주소 및 전화번호 : 경기도 파주시 회동길 201(문발동) / 031-955-2100
- 제조연월 : 2025. 12.
- 제조국명 : 대한민국
- 사용연령 : 5세 이상 어린이 제품